Kurze Geschichten zum Nacherzählen

und für andere sprachliche Übungen

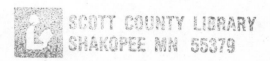

Gesammelt und herausgegeben von

Hans Thiel

VERLAG MORITZ DIESTERWEG

Frankfurt am Main · Berlin · München

6417

ISBN 3-425-06417-7

10. Auflage 1980, erweiterte Fassung

© Verlag Moritz Diesterweg GmbH & Co., Frankfurt am Main.

Umschlaggestaltung: Peter Zollna, Frankfurt
Druck: aprinta, Wemding
Bindearbeiten: Münchener Industrie-Buchbinderei

INHALT

3. Von guten Menschen

4. Von menschlichen Fehlern

5. Durch Schaden wird man klug

6. Allerlei Streiche

7. Wer ist stärker?

8. Aus nah und fern

9. Neue Texte

1. UNERSCHROCKEN IN GEFAHR

Gute Nerven HERBERT KRANZ

Ein gutbesetztes Flugzeug flog über Indien hinweg und hatte eine Stundengeschwindigkeit von 500 km erreicht. Ein amerikanischer Offizier war auf seinem Sitzplatz eingeschlafen und schlief so fest, daß sich unmittelbar neben ihm etwas Schreckliches ereignete, ohne daß er etwas davon merkte: der Notausstieg hatte sich auf einmal geöffnet. Im selben Augenblick aber erfaßte den Schlafenden auch schon der gewaltige Sog und riß ihn vom Sitz — jetzt war er wach und schrie auf, denn er sah sich mit dem Kopf nach unten zwischen Himmel und Erde hängen. Ihn hielt nur noch der Sicherheitsgürtel, der sich um seine Beine gewickelt hatte.
Jäh durchschoß ihn der Gedanke, mit der Maschine sei etwas nicht in Ordnung. Aber sie stürzte nicht, sondern flog unbeirrt weiter. Also war mit ihm etwas nicht in Ordnung. Er versuchte zurückzuklettern — er brachte es nicht fertig. Da fühlte er, wie er an den Beinen wieder in das Flugzeug gezogen wurde: Passagiere brachten ihn in Sicherheit.
Er hatte nicht länger als zwei Minuten in dem rasenden Fahrtwind gehangen. „Mir schien es wie eine Ewigkeit, eine furchtbare Ewigkeit", sagte er im Krankenhaus, wo er sich auf Anordnung seines Vorgesetzten von der Schockwirkung erholen sollte. „Aber mir fehlt gar nichts", erklärte er weiter. „Gesund wie ein Fisch im Wasser — vielmehr wie ein Vogel in der Luft."

Der unerwünschte Passagier WOLFGANG ALTENDORF

Da stand auf einem der neuen Flugplätze in Holländisch-Ostindien ein junger Mann mit einem Flugbillett nach Amsterdam in der Tasche. Schwer genug war es ihm geworden, sich das nötige Geld für dieses Billett zu verschaffen. Aber er hatte Heimweh. Für ihn gab es nur zwei Möglichkeiten: krepieren oder heimkehren.
Ein seltsamer Fluggast war dieser junge Mann. Er trug ein kleines Köfferchen bei sich, das schlimm genug aussah. Anderes Gepäck hatte er nicht.

Die Kleidung — na ja —, jedenfalls stach er erheblich von den übrigen zwanzig Passagieren ab, die mit der „Rotterdam" nach Europa zurückwollten. Aber er hatte mit guten, echten Gulden bezahlt. Der junge Mann frühstückte nicht im Restaurant des Flugplatzes. Wahrscheinlich schämte er sich und wollte den feinen Fluggästen durch sein heruntergekommenes Äußeres den Appetit nicht verderben. Oder aber er besaß keinen Gulden mehr, um sich den Luxus eines Frühstücks zu leisten.

In der Flugkantine aßen die sechs Besatzungsmitglieder der „Rotterdam". Sie hatten sich die gewohnten „blutigen" Steaks — auf englische Art, bitte! — bestellt und entwickelten trotz der brütenden Hitze einen gesunden Appetit. Dann tönte der Lautsprecher: „Flug Nummer 264 nach Amsterdam! Die Passagiere werden gebeten, die Plätze einzunehmen."

Unten winkten die blitzenden Schaumkämme des Ozeans. Die Stewardeß reichte Erfrischungen. Etwa in der Mitte des Rumpfes, neben einem sehr dicken Herrn, der sich unablässig den Schweiß von der Stirn wischte, hatte der junge Mann einen Fensterplatz. Er war eine Sensation, ein Tramp inmitten dieser erlesenen Gesellschaft. Man empfand Unbehagen bei seinem Anblick, weil er so ausgemergelt, so ausgehungert aussah.

Aber der junge Mann war glücklich. Zum erstenmal seit Jahren fühlte er sich wohl. Das kam von dem leisen Vibrieren, dem leichten Wiegen der nun auf 2000 Meter Höhe fliegenden Maschine. Er fühlte sich gewissermaßen in seinem Element, hatte er doch während des letzten Krieges einen schweren Bomber geflogen. Und das war wohl auch die Wurzel seines ganzen Elends: Da war er einmal von der Erde losgekommen, hatte sein Leben der Luft geweiht, dem Fliegen, dieser Freiheit des Herzens, von der man immer wieder träumt, die einen nicht losläßt, wenn man sie sich einmal erobert hat. Das Schicksal aber hatte ihm die Flügel verbrannt. Er war abgestürzt, haftete auf dieser erbärmlichen Erde, ohne Kraft, wieder von ihr loszukommen.

Die „Rotterdam" flog etwa eine Stunde auf Kurs, unter ihr die weite Fläche des Wassers, über ihr der blaue, am Horizont dunstige Himmel.

Die Passagiere merkten zunächst nichts. Der erste Pilot mußte das Steuer frühzeitig an die Ablösung übergeben, weil er eine Übelkeit verspürte, die sich rasch verschlimmerte. Und schon stellte sich heraus, daß die beiden Funker, vom gleichen Übel befallen, sich in Krämpfen wanden, — und danach die beiden Mechaniker. Der Steward brach im Passagierraum zusammen. Der junge Mann hob ihn auf und trug ihn mit Hilfe der Stewardeß nach hinten.

Die Stewardeß, die nach belebendem Kölnisch Wasser gegangen war, erschien mit angstweiten Augen. Sie flüsterte dem jungen Mann zu, daß auch der zweite Pilot mit der Übelkeit kämpfe — da sei doch alles verloren! Der junge Mann spürte, wie die Maschine schwankte und seitlich abglitt. Er durchstürmte den Raum. Die Passagiere raunten. Besorgnis, Angst, Verwirrung zeichnete sich auf den Gesichtern. Er lief durch den Gang in den Pilotenstand, in dem der Flugzeugführer, dicke Schweißtropfen auf der Stirne, nur noch mühsam das Steuer hielt. Der junge Mann drückte den Kranken vom Sitz, faßte mit beiden Händen den Knüppel und kontrollierte mit raschem Blick die Armaturen. Er fühlte beglückt, wie die schwere Maschine seinem Willen gehorchte. Er lauschte auf das Summen der Motoren, setzte sich fest in die Maschine hinein und verband Herz und Seele mit ihr.

Die Stewardeß, die ihm gefolgt war, starrte ihn an. Sah sie Gespenster? Ein abgerissener junger Passagier steuerte die blinkende, luxuriös ausgestattete Maschine! Da blickte er sie an, lächelte und nickte mit dem Kopf nach rückwärts. Sie verstand.

Mit bezwingendem Lächeln trat sie zwischen die Passagiere, erklärte kurz, was vorgefallen war, daß die Maschine aber nun in sicheren Händen eines erfahrenen Kriegsfliegers läge und daß man den nächsten Flugplatz anfliegen würde. Man bestürmte sie mit Fragen, wollte wissen, wer denn der seltsame junge Mann sei, und wie es doch so wunderbar wäre, daß man gerade ihm, der eigentlich in solcher Gesellschaft nichts verloren habe, das Leben verdanke.

Dies sei ganz ohne Zweifel der Fall. Aber mehr wisse sie auch nicht von dem jungen Mann. Da sagte eine ältere Dame, daß alles wohl eine Fügung Gottes sei. Natürlich legte sich die Spannung nicht, die alle erfaßt hatte. Und der junge Mann vorne am Steuer mühte sich mit der Aufgabe, diese gigantische Maschine allein und nur nach dem Gefühl zu fliegen. Er fühlte sich grenzenlos einsam und die Verantwortung, die er übernommen hatte, lastete schwer. Dennoch gelang die Landung, etwa eine Stunde später, auf einem ihm unbekannten Flugplatz. Man spricht noch heute darüber, dort, wo man es miterlebte, wie die Maschine ohne Voranmeldung über dem Platz erschienen war und zur Landung angesetzt hatte.

Die ärztliche Untersuchung ergab bei allen erkrankten Besatzungsmitgliedern eine Fleischvergiftung, wovor die Stewardeß nur deshalb bewahrt geblieben war, weil sie englische Steaks verabscheute.

Der fremde junge Mann aber wurde von den Flugpassagieren dankbar gefeiert. Die Flugleitung bot ihm sofort eine feste Anstellung. Das Gesicht des jungen Piloten sah plötzlich nicht mehr ausgemergelt und verhungert aus, obwohl er noch keinen Bissen hinuntergebracht hatte. Auf dem Bett des Flugleiters war er erschöpft eingeschlafen.

Merkwürdige Rettung
WILHELM VON SCHOLZ

Ein Bankbeamter in New York hörte in tiefer Nacht das Klingelzeichen des Telefons, das Mühe gehabt hatte, in seinen Schlaf einzudringen, und sich dort erst in Träume verspann. Der Mann konnte sich kaum ermuntern und merkte, als er schließlich wach geworden, schweren Schwindel, Kopfschmerzen, Übelkeit. Mit Anstrengung stand er auf, tappte taumelnd zum Apparat, hörte dort nur, daß der Anruf ihn nicht betreffe, und faßte in dem ihn beunruhigenden Dämmerzustand, dem er sich nicht zu entreißen vermochte, den Entschluß, seine Frau zu wecken, ehe er schlaftrunken wieder ins Bett sank. Er fand die Frau nicht schlafend, sondern in voller Bewußtlosigkeit in ihrem Bett liegend, wurde in seinem Schrecken nun heller wach, spürte Gasgeruch, nahm alle Willenskraft zusammen, öffnete die Fenster und telefonierte der Polizei. Es gelang, das Ehepaar mit den Kindern am Leben zu erhalten. Mit Sauerstoffapparaten brachte man die schon tief Betäubten ins Bewußtsein zurück. Die falsche Telefonverbindung hatte die ganze Familie gerettet.

Mensch und Maschine
OTTO DIBELIUS

Ein Arbeiter sitzt in einer großen Maschinenfabrik an einem Stahlmesser, das Eisenplatten zerschneidet. Die Maschine kommt ins Stocken. Er klappt die Schutzvorrichtung zurück, um nach dem Rechten zu sehen. Und wie er den Kopf tief vorwärts beugt, setzen die Räder sich plötzlich wieder in Gang. Das Stahlmesser berührt schon seinen Nacken, er kann den Kopf nicht mehr zurückziehen. Sein Schrei gellt durch den Maschinenraum. In demselben Augenblick kommt ein Lehrjunge vorüber mit einem Stahlhammer auf der Schulter. Er erkennt blitzschnell die Situation und schleudert den Stahlhammer in das Räderwerk. Die Räder beißen sich fest, die Maschine steht. Der ohnmächtig gewordene Arbeiter wird aus seiner furchtbaren Lage befreit.

Da stürzt der Werkmeister herbei, packt den Jungen an beiden Schultern: „Die Maschine! Die Maschine! Du hast die Maschine kaputt gemacht, die Hunderttausende gekostet hat!" Ein Murren geht durch den Saal. Da ist der Betriebsleiter in den Saal getreten und nimmt dem Werkmeister die Hände von dem Jungen weg: „Wenn du die Geistesgegenwart gehabt hast, deinem Kameraden das Leben zu retten, dann verstehe ich nur nicht, warum du dem Mann hier nicht die Antwort gibst, die ihm gehört." Und der Werkmeister wurde nicht mehr gesehen.

Vor Gericht

HERBERT KRANZ

Ein englischer Dockarbeiter sah, als er mitten in der Arbeit war, daß ein Mann und seine drei Hunde, die während der Ebbe allesamt auf eine Sandbank spaziert waren, von der Flut überrascht wurden. Er ließ Arbeit Arbeit sein, stürzte sich ins Wasser und rettete dem Mann, der nicht schwimmen konnte, in letzter Minute das Leben, während seine drei Hunde keinen Helfer brauchten und vergnügt an Land schwammen.

Der Arbeiter war dabei natürlich pudelnaß geworden, lief daher rasch nach Hause, rieb sich trocken, zog sich um und kehrte an seinen Arbeitsplatz zurück. Als er aber am Ende der Woche seine Lohntüte bekam, sah er, daß ihm der Gegenwert von 3,50 DM abgezogen worden war, weil er „unerlaubterweise", wie die Firma sagte, anderthalb Stunden lang der Arbeit ferngeblieben war.

„Da schlag doch der und jener drein", dachte der Lebensretter, der nicht wie der Gerettete drei Hunde, sondern drei Kinder zu versorgen hatte, ging zum Chef und, als das nichts half, zum Arbeitsgericht. Doch auch das wies ihn ab. Empört bemerkte er, wenn sich der Richter zufällig einmal auf jener Sandbank verspäten sollte, so möchte er es ihm nicht übelnehmen, wenn er ihn ersaufen ließe; denn Leben retten käme ihm zu teuer, er müßte an seine drei Kinder denken. Worauf der Richter kühl antwortete, er für seine Person sei ein guter Schwimmer.

Der Löwe

CHRISTOPH VON SCHMID

Ein armer Sklave, der seinem Herrn entlaufen war, wurde wieder eingefangen und zum Tode verurteilt. Man brachte ihn auf einen großen weiten Platz, der mit Mauern umgeben war, und ließ einen furchtbaren Löwen auf ihn los. Mehrere tausend Menschen sahen zu.

Der Löwe stürzte grimmig auf den armen Menschen los — blieb aber plötzlich stehen, wedelte mit dem Schweife, sprang voll Freude um ihn herum und leckte ihm dann freundlich die Hände. Die Leute aber verwunderten sich und fragten den Sklaven, wie das komme.

Der Sklave erzählte: „Als ich meinem Herrn entlaufen war, verbarg ich mich in einer Höhle der Wüste. Da kam dieser Löwe zu mir herein und zeigte mir seine Pratze, in der ein scharfer Dorn steckte. Ich zog ihm den Dorn heraus, und von der Zeit an versah mich der Löwe mit Wildbret, und wir lebten in der Höhle friedlich zusammen. Bei der letzten Jagd wurden wir voneinander getrennt und beide gefangen, und nun freut sich das gute Tier, mich wiederzufinden."

Alles Volk war über die Dankbarkeit des guten Tieres entzückt und rief laut: „Es lebe der wohltätige Mensch! Es lebe der dankbare Löwe!" Der Sklave wurde freigelassen und reichlich beschenkt. Der Löwe aber begleitete ihn von nun an ständig wie ein zahmes Hündchen, ohne jemandem ein Leid zu tun.

Die Fürstenmütze   PAUL ALVERDES

Ein deutscher Fürst neckte die Löwen, die er in einem Zwinger halten ließ, und steckte dabei sein Barett durch das Gitter, bis es hineingefallen war. Darauf ruft er einen seiner Diener von Adel mit Namen und sagt: „Gehe hin und hole mir meine Mütze wieder." Der Edelmann antwortet: „Gnädiger Herr, ja, ich will es tun", fragt, wo sie sei, und beharrt, da man es ihm zeigt, bei seinem Vorsatz. Als der Fürst aber sah, daß es ihm ernst war, wollte er ihn zurückhalten und hieß ihn ernstlich bleiben. „Ich habe", erwiderte jener indessen, „ich habe ja gesagt und bin kein Schandkerl, sondern von Adel, deshalb will ich es in Gottes Namen wagen." Riß also seinen Degen aus der Scheide, stieg hinab in den Zwinger, wo die Löwen lagen, und holte das Barett heraus, ohne daß ihm etwas geschehen wäre, denn die Löwen, erzählte einer vom Gefolge, der dabei war, hätten sich nicht unfreundlich gegen ihn gezeigt, sondern seien stillgelegen und hätten ihn nur angesehen. Das ganze Hofgesinde erschrak und verwunderte sich über diese kühne Tat, und der Fürst selber wollte nun dem Edelmann große Ehre erbieten. Der aber begehrte nichts als einen gnädigen Urlaub und Abschied, indem er hinzufügte: er sei ihm freilich verpflichtet, auch sein Leben in seinem Dienst dreinzusetzen und sich dessen nicht zu weigern, doch wolle er fortan eines Befehls, mit dem Stoßdegen auf Löwen loszugehen, lieber nicht mehr gewärtig sein.

Herzog von Alba und die Gräfin von Schwarzburg

FRIEDRICH SCHILLER

Eine deutsche Dame aus einem Hause, das schon ehedem durch Heldenmut geglänzt und dem Deutschen Reich einen Kaiser gegeben hat, war es, die den fürchterlichen Herzog von Alba durch ihr entschlossenes Betragen beinahe zum Zittern gebracht hätte. Als Kaiser Karl V. im Jahre 1547 nach der Schlacht bei Mühlberg auf seinem Zuge nach Franken und Schwaben auch durch Thüringen kam, wirkte die verwitwete Gräfin Katharina von

Schwarzburg, eine geborene Fürstin von Henneberg, einen Sauvegardebrief bei ihm aus, daß ihre Untertanen von der durchziehenden spanischen Armee nichts zu leiden haben sollten. Dagegen verband sie sich, Brot, Bier und andre Lebensmittel gegen billige Bezahlung aus Rudolstadt an die Saalebrücke schaffen zu lassen, um die spanischen Truppen, die dort übersetzen würden, zu versorgen. Doch gebrauchte sie dabei die Vorsicht, die Brücke, welche dicht bei der Stadt war, in der Geschwindigkeit abbrechen und in einer größeren Entfernung über das Wasser schlagen zu lassen, damit die allzu große Nähe der Stadt ihre raublustigen Gäste nicht in Versuchung führte. Zugleich wurde den Einwohnern aller Ortschaften, durch welche der Zug ging, vergönnt, ihre besten Habseligkeiten auf das Rudolstädter Schloß zu flüchten.

Mittlerweile näherte sich der spanische General, von Herzog Heinrich von Braunschweig und dessen Söhnen begleitet, der Stadt und bat sich durch einen Boten, den er voranschickte, bei der Gräfin von Schwarzburg auf ein Morgenbrot zu Gaste. Eine so bescheidene Bitte, an der Spitze eines Kriegsheeres getan, konnte nicht wohl abgeschlagen werden. Man würde geben, was das Haus vermöchte, war die Antwort; Seine Exzellenz möchten kommen und vorliebnehmen. Zugleich unterließ man nicht, der Sauvegarde noch einmal zu gedenken und dem spanischen General die gewissenhafte Beobachtung derselben ans Herz zu legen.

Ein freundlicher Empfang und eine gut besetzte Tafel erwarten den Herzog auf dem Schlosse. Er muß gestehen, daß die thüringischen Damen eine sehr gute Küche führen und auf die Ehre des Gastrechts halten. Noch hat man sich kaum niedergesetzt, als ein Eilbote die Gräfin aus dem Saale ruft. Es wird ihr gemeldet, daß in einigen Dörfern unterwegs die spanischen Soldaten Gewalt gebraucht und den Bauern das Vieh weggetrieben hätten. Katharina war eine Mutter ihres Volkes; was dem ärmsten ihrer Untertanen widerfuhr, war ihr selbst zugestoßen. Aufs äußerste über diese Wortbrüchigkeit entrüstet, doch von ihrer Geistesgegenwart nicht verlassen, befiehlt sie ihrer ganzen Dienerschaft, sich in aller Geschwindigkeit und Stille zu bewaffnen und die Schloßpforten wohl zu verriegeln; sie selbst begibt sich wieder nach dem Saale, wo die Fürsten noch bei Tische sitzen. Hier klagt sie ihnen in den beweglichsten Ausdrücken, was ihr eben hinterbracht worden und wie schlecht man das gegebene Kaiserwort gehalten. Man erwidert ihr mit Lachen, daß dies nun einmal Kriegsgebrauch sei und daß bei einem Durchmarsch von Soldaten dergleichen kleine Unfälle nicht zu verhüten stünden. „Das wollen wir doch sehen", antwortete sie aufgebracht. „Meinen armen Untertanen muß das Ihrige wieder werden, oder bei Gott!" — indem sie drohend ihre Stimme anstrengte: „Fürstenblut für

Ochsenblut!" Mit dieser bündigen Erklärung verließ sie das Zimmer, das in wenigen Augenblicken von Bewaffneten erfüllt war, die sich, das Schwert in der Hand, doch mit vieler Ehrerbietung, hinter die Stühle der Fürsten pflanzten und das Frühstück bedienten. Beim Eintritt dieser kampflustigen Schar veränderte Herzog Alba die Farbe; stumm und betreten sah man einander an. Abgeschnitten von der Armee, von einer überlegenen handfesten Menge umgeben: was blieb ihm übrig, als sich in Geduld zu fassen und, auf welche Bedingung es auch sei, die beleidigte Dame zu versöhnen. Heinrich von Braunschweig faßte sich zuerst und brach in ein lautes Gelächter aus. Er ergriff den vernünftigen Ausweg, den ganzen Vorgang ins Lustige zu kehren, und hielt der Gräfin eine große Lobrede über ihre landesmütterliche Sorgfalt und den entschlossenen Mut, den sie bewiesen. Er bat sie, sich ruhig zu verhalten, und nahm es auf sich, den Herzog von Alba zu allem, was billig sei, zu vermögen. Auch brachte er es bei dem letzteren wirklich dahin, daß er auf der Stelle einen Befehl an die Armee ausfertigte, das geraubte Vieh den Eigentümern ohne Verzug wieder auszuliefern. Sobald die Gräfin von Schwarzburg der Zurückgabe gewiß war, bedankte sie sich aufs schönste bei ihren Gästen, die sehr höflich von ihr Abschied nahmen.

WORTERKLÄRUNG: Sauvegarde = Schutzbrief.

Der Bauer und die Sau
WILL-ERICH PEUCKERT

In der Zeit des Alten Fritzen lebte in seinem ostpreußischen Dorfe ein Bauer, der sehr wirtschaftlich war und dem es recht gut ging. Sein Gutsherr aber war in seiner Wirtschaft nachlässig und hat weder um seinen Garten noch um seinen Hof oder sein Feld Zäune machen lassen. Eines Tages lief nun eine Sau des Bauern in den Garten des Gutsherrn; der nahm gleich das Gewehr und schoß sie tot, und wie der Bauer eine Bezahlung verlangte, schmiß er ihn aus dem Hause. Da ging der Bauer denn zum Pfarrer, er möchte ihm doch eine Beschwerde an den König aufsetzen. Doch der wollte sich nicht mit dem Gutsbesitzer verfeinden und schrieb sie nicht. Nun wäre ja wohl alles aus und zu Ende gewesen. Aber der Bauer sagte bloß: „Das werden wir schon noch kriegen!" Und er ging zum Küster und ließ sich einen Bogen Schreibpapier geben und eine Feder, und machte mit Tinte ein paar Kleckse und Striche darauf und sagte, wie sie ihn auslachten und ansahen: „Das ist meine Beschwerde für den König." Dann machte er sich auf und ging nach Berlin.

Wie er in Berlin vorm Schlosse angekommen war, stellte er sich vor das Fenster und hob seine Schrift hoch. Der König sah ihn gleich und schickte einen Diener runter nach dem Schreiben. Und wie der es ihm brachte, besah es sich der König von allen Seiten, aber er konnte nicht klug daraus werden. Da ließ er sich den Bauern rufen. Der erzählte ihm nun die ganze Geschichte, zeigte auf das Schreiben und sagte: „Die Linie, das ist der Garten vom Herrn v. Stoweck. Das ist der Hof. Und das ist mein Haus. Der Klecks ist meine Sau. Und dort der Klecks, das ist der Stoweck, wo er stand und die Sau erschoß."

Als sich der König alles hatte erzählen lassen, hieß er ihn am anderen Tage zu Mittag wiederkommen, bis dahin würde er es sich überlegen. Und seine Minister und Generäle mußten ebenso kommen. Da sie gegessen hatten, wurde der Bauer reingelassen. Der König zog dessen Bittschrift aus der Tasche und zeigte sie allen rum und fragte, ob sie das lesen könnten. Aber die Minister sagten alle nein; mit den Strichen und Klecksen wüßten sie nichts anzufangen. Da winkte er dem Bauern, und der kam herzu und fing an, alles gerade wie gestern zu erklären, so daß die Herren Maul und Augen aufrissen. Dann ließ der Alte Fritz dem Bauern zu essen und zu trinken geben, schenkte ihm noch Geld und ließ ihn wieder heimgehen. Ehe der aber noch zu Hause war, kriegte der Herr v. Stoweck schon ein Schreiben, in dem ihm angesagt war, daß er dem Bauern sofort die Sau bezahlen müsse, und überhaupt solle er besser umgehen mit den Leuten.

Da hatte der Bauer also doch Recht, und er hatte ihn, den Herrn, gekriegt.

Das wohlbezahlte Gespenst JOHANN PETER HEBEL

In einem gewissen Dorfe, das ich wohl nennen könnte, geht ein üblicher Fußweg über den Kirchhof und von da durch den Acker eines Mannes, der an der Kirche wohnt, und es ist ein Recht. Wenn nun die Ackerwege bei nasser Witterung schlüpfrig und ungangbar sind, ging man immer tiefer in den Acker hinein und zertrat dem Eigentümer die Saat, so daß bei anhaltend feuchter Witterung der Weg immer breiter und der Acker immer schmaler wurde, und das war kein Recht. Zum Teil wußte nun der geschädigte Mann sich wohl zu helfen. Er gab bei Tag, wenn er sonst nichts zu tun hatte, fleißig acht, und wenn ein unverständiger Mensch diesen Weg kam, der lieber seine Schuhe als seines Nachbars Gerstensaat schonte, so lief er schnell hinzu und pfändete ihn oder tat's mit ein paar Ohrfeigen kurz ab. Bei Nacht aber, wo man noch am ersten einen guten Weg braucht und sucht, war's nur desto schlimmer, und die Dornenäste und Rispen, mit denen er den Wandernden verständlich machen wollte, wo der Weg sei, waren allemal in wenig Nächten niedergerissen oder ausgetreten, und mancher tat's vielleicht mit Fleiß. Aber da kam dem Mann etwas andres zustatten. Es wurde auf einmal unsicher auf dem Kirchhofe, über welchen der Weg ging. Bei trocknem Wetter und in etwas hellen Nächten sah man oft ein langes, weißes Gespenst über die Gräber wandeln. Wenn es regnete oder sehr finster war, hörte man im Beinhaus bald ein ängstliches Stöhnen und Winseln, bald ein Klappern, als wenn alle Totenköpfe und Totengebeine darin lebendig werden wollten. Wer das hörte, der sprang bebend wieder zur nächsten Kirchhoftür hinaus, und in kurzer Zeit sah man, sobald der Abend dämmerte und die letzte Schwalbe aus der Luft verschwunden war, gewiß keinen Menschen mehr auf dem Kirchhofwege, bis ein verständiger und herzhafter Mann aus einem benachbarten Dorfe sich an diesem Ort verspätete und den nächsten Weg nach Hause doch über diesen verschrienen Platz und über den Gerstenacker nahm. Denn ob ihm gleich seine Freunde die Gefahr vorstellten und lange abwehrten, so sagte er doch am Ende: „Wenn es ein Geist ist, geh' ich mit Gott als ehrlicher Mann den nächsten Weg zu meiner Frau und meinen Kindern heim, habe nichts Böses getan, und ein Geist, wenn's auch der schlimmste wäre, tut mir nichts. Ist's aber Fleisch und Bein, so habe ich zwei Fäust' bei mir, die sind auch schon dabei gewesen." Er ging. Als er aber auf den Kirchhof kam und kaum am zweiten Grabe vorbei war, hörte er hinter sich ein klägliches Ächzen und Stöhnen, und als er zurückschaute, siehe, da erhob sich hinter ihm, wie aus einem Grabe herauf, eine lange weiße Gestalt. Der Mond schimmerte blaß über die Gräber. Totenstille war ringsumher, nur ein paar Fledermäuse flatterten vorüber. Da war dem guten Manne doch nicht wohl zumute, wie er nachher selber gestand, und er wäre gern wieder zurückgegangen, wenn er nicht noch einmal hätte an dem Gespenst vorübergehen müssen. Was war zu tun? Langsam und still ging er seines Weges zwischen den Gräbern und an manchem schwarzen Totenkreuz vorbei. Langsam und immer ächzend folgte das Gespenst ihm nach bis an das Ende des Kirchhofes, und das war in der Ordnung, und bis vor den Kirchhof hinaus, und das war dumm. Aber so geht es. Kein Betrüger ist so schlau, er verrät sich. Denn sobald der verfolgte Ehrenmann das Gespenst auf dem Acker erblickte, dachte er bei sich selber: Ein rechtes Gespenst muß wie eine Schildwache auf seinem Posten bleiben, und ein Geist, der auf den Kirchhof gehört, geht nicht aufs Ackerfeld. Daher bekam er auf einmal Mut, drehte sich schnell um, faßte die weiße Gestalt mit fester Hand und merkte bald, daß er unter einem Leintuch einen Burschen am Brusttuche habe, der noch nicht auf dem Kirchhofe daheim sei. Er fing daher an, mit der andern Faust auf ihn loszutrommeln, bis er seinen Mut an ihm gekühlt hatte, und da er vor dem Leintuch selber nicht sah, wo er hinschlug, so mußte das arme Gespenst die Schläge annehmen, wie sie fielen.

Damit war nun die Sache abgetan, und man hat weiter nichts mehr davon erfahren, als daß der Eigentümer des Gerstenackers ein paar Wochen lang mit blauen und gelben Zieraten im Gesicht herumging und von dieser Stunde an kein Gespenst mehr auf dem Kirchhof zu sehen war. Denn solche Leute, wie unser handfester Ehrenmann, das sind allein die Geisterbanner, und es wäre zu wünschen, daß jeder Betrüger so seinen Meister finden möchte.

Ein anstelliger junger Mann SIGISMUND VON RADECKI

Eigentlich sah er nicht einmal danach aus: schwächlich, ängstlich, linkisch schien er zu sein; nichts, was für einen guten Kaufmann zu sprechen schien. Endlich gelingt es ihm, auf einen braven Mann zu stoßen, der wenigstens einen Versuch mit ihm wagen will. Ein bedeutender Pelzhändler aus der inneren Stadt.

„Also gut, junger Mann, ich engagiere Sie zur Probe . . .“

„Sie werden es nicht bedauern. Ich verspreche Ihnen . . .“

„Versprechungen sind zu billig, um mir genügen zu können. Ich will noch am heutigen Tage wissen, woran ich mit Ihnen bin. Hier ist eine Rechnung, die wir bereits siebenmal erfolglos dem Herrn präsentiert haben. Ich übertrage Ihnen das Einkassieren. Wenn es Ihnen gelingt, diesen Kunden zum Zahlen zu bringen, so sind Sie bei mir ein gemachter Mann.“

„Verlassen Sie sich auf mich: das ist so gut, als ob ich das Geld schon in der Tasche hätte. Nur eine Erkundigung, wenn Sie gestatten. Glauben Sie, daß dieser Herr N. N. noch viele andere unbezahlte Rechnungen bei seinen verschiedenen Lieferanten hat?“

Der Pelzhändler brüllte vor Lachen:

„Ob er sie hat! Er hat sie überall! Den kennt man doch in der ganzen Stadt! Die meisten meiner Kollegen haben bereits jede Hoffnung aufgegeben und mahnen ihn nicht einmal mehr!“

Der junge Mann reibt sich die Hände und stürzt zu Herrn N. N.

Zwei Stunden später ist er wieder zurück.

„Hier bitte“, sagt er höflich zum Prinzipal und legt zwei Geldscheine auf den Schreibtisch, „hier sind die 2000 Mark.“

Der reibt sich die Augen. Er zählt die Scheine, er hält sie aufmerksam vors Licht. Was ist das für eine Zauberei?

Endlich sagt er:

„Ah, mein Junge! Wie, zum Teufel, haben Sie das fertiggekriegt?"

„Ganz einfach. Ich habe N. N. erklärt, daß ich, wenn er mir nicht zahlen werde, alle seine unbezahlten Lieferanten aufsuchen würde, die er nur in der Stadt hat, um ihnen zu sagen ..."

„Daß er nicht gezahlt hat! Aber das wissen sie längst, daß er nie zahlt!"

„Nein, nein! ... um ihnen zu sagen, *daß* er mir gezahlt hat."

WORTERKLÄRUNG: N. N. = nomen nominandum = der zu nennende Name.

Die Maulbeer-Omelette   WALTER BENJAMIN

Es war einmal ein König, der alle Macht und alle Schätze der Erde sein eigen nannte, bei alledem aber nicht froh ward, sondern trübsinniger von Jahr zu Jahr. Da ließ er eines Tages seinen Leibkoch kommen und sagte ihm: „Du hast mir nun lange Zeit treu gedient und meinen Tisch mit den herrlichsten Speisen bestellt, und ich bin dir gewogen. Nun aber begehre ich eine letzte Probe deiner Kunst. Du sollst mir die Maulbeer-Omelette machen, so wie ich sie vor fünfzig Jahren in meiner frühesten Jugend genossen habe. Damals führte mein Vater Krieg gegen seinen bösen Nachbar im Osten. Der hatte gesiegt, und wir mußten fliehen. Und so flohen wir Tag und Nacht, mein Vater und ich, bis wir in einen finsteren Wald gerieten. Den durchirrten wir und waren vor Hunger und Erschöpfung nahe am Verenden, als wir endlich auf eine Hütte stießen. Ein altes Mütterchen hauste drinnen, das hieß uns freundlich rasten, selber aber machte es sich am Herde zu schaffen, und nicht lange, so stand die Maulbeer-Omelette vor uns. Kaum aber hatte ich davon den ersten Bissen zum Munde geführt, so war ich wundervoll getröstet, und neue Hoffnung kam mir ins Herz. Damals war ich ein unmündiges Kind, und lange dachte ich nicht mehr an die Wohltat dieser köstlichen Speise. Als ich aber später in meinem ganzen Reich nach ihr forschen ließ, fand sich weder die Alte noch irgendeiner, der die Maulbeer-Omelette zu bereiten gewußt hätte. Dich will ich nun, wenn du diesen letzten Wunsch mir erfüllst, zu meinem Eidam und zum Erben des Reiches machen. Wirst du mich aber nicht zufriedenstellen, so mußt du sterben." Da sagte der Koch: „Herr, so möget Ihr nur den Henker sogleich rufen. Denn wohl kenne ich das Geheimnis der Maulbeer-Omelette und alle Zutaten, von der gemeinen Kresse bis zum edlen Thymian. Wohl weiß ich den Vers, den man beim Rühren zu sprechen hat, und wie der Quirl aus Buchsbaumholz immer nach rechts muß gedreht werden, damit er uns nicht zuletzt um den Lohn aller Mühe bringt. Aber dennoch, o König, werde ich sterben müssen. Dennoch wird meine Omelette dir nicht munden. Denn wie sollte ich sie mit alledem würzen, was du damals in ihr genossen hast: der Gefahr der Schlacht und der Wachsamkeit des Verfolgten, der Wärme des Herdes und der Süße der Rast, der fremden Gegenwart und der dunklen Zukunft." So sprach der Koch. Der König aber schwieg eine Weile und soll ihn nicht lange danach, reich mit Geschenken beladen, aus seinen Diensten entlassen haben.

Die Flucht aus dem Turmzimmer   HUGO VON HOFMANNSTHAL

Der Ratgeber eines großen Königs fiel in Ungnade, und der König ließ ihn im obersten Gemach eines schwindelnd hohen Turmes einsperren. Er aber, der Unglückliche, hatte eine treue Frau, die kam nachts an den Fuß des Turmes und rief nach ihm und fragte ihn, wie ihm zu helfen wäre. Er hieß sie wiederkommen die nächste Nacht und mit sich bringen ein langes Seil, eine lange starke Schnur, einen langen seidenen Faden, einen Käfer und ein wenig Honig. Die Frau wunderte sich sehr, aber sie gehorchte und brachte, was ihr befohlen war.

Der Mann rief ihr von oben zu, den Seidenfaden fest an den Käfer zu binden, auf des Käfers Fühler einen Tropfen Honig zu tun und ihn an die Wand des Turmes zu setzen, den Kopf nach oben. Sie gehorchte und tat alles, und der Käfer fing an, emporzuklettern. Immer den Honig witternd, kletterte er langsam höher und höher, bis er auf der Spitze des Turmes ankam. Da faßte ihn der Gefangene und hielt den seidenen Faden in der Hand. Dann hieß er seine Frau, an das untere Ende des seidenen Fadens die starke Schnur binden, und zog die Schnur empor, und an das untere Ende der Schnur das Seil zu binden, und zog das Seil empor. Und das übrige war nicht mehr schwer.

Für Hunde   VICTOR AUBERTIN

Der Kleinbahnzug war schon geknüppelt voll, als er in den Bahnhof einlief. Man konnte durch die Fenster sehen, daß in jedem Abteil zwanzig Personen standen.

Nur ein Abteil war ganz leer, an dem eine Inschrift hing: „Für Reisende mit Hunden."

Ich öffnete die Tür dieses Abteils weit, stieg ein und machte es mir bequem.

Einmal drinnen, war die größte Gefahr vorüber, denn die Schaffner und Stationsvorsteher sahen von außen ja nur meinen Kopf; sie konnten also nicht wissen, ob ich einen Hund bei mir hatte oder nicht. Ich nahm möglichst weidmännische Züge an, indem ich meinen Hut schief setzte und das linke Auge etwas zusammenkniff.

Größer war die Schwierigkeit mit den anderen Reisenden. Die anderen Reisenden konnten mich über die trennende niedrige Wand da allein in meinem Abteil sitzen sehen, und sie machten ihre Bemerkungen: „Der hat ja gar keinen Hund. Wie kommt denn der dazu, sich da hineinzusetzen!"

Schließlich faßte sich einer Mut und redete mich über die Wand hinweg an: „Sie haben ja gar keinen Hund. Da könnte sich ja jeder hineinsetzen!"

Ich erwiderte folgendes: „Mein Herr, Sie haben vollkommen recht; es könnte sich jeder in dieses leere und sinnlose Abteil setzen. Daß ich allein den Mut dazu fand, ist tief beklagenswert und erklärt die Not Deutschlands. Denn, mein Herr, sagen Sie selbst: welchen Zweck hat ein Abteil für Hunde, wenn keine Katze drinsitzt?"

Ob ich den Herrn mit dieser Rede zu einer etwas freieren Weltanschauung bekehrt habe, weiß ich nicht, ja, ich bezweifle es. Wahrscheinlich wird er, wie das so üblich ist, meine Worte für einen faulen Witz gehalten haben.

2. DA IST GUTER RAT TEUER

Das Hemd des Zufriedenen

WILHELM BUSCH

Es war einmal ein reicher König; dem machte das Regieren so viele Sorgen, daß er die ganze Nacht darum nicht schlafen konnte. Das ward ihm zuletzt so unerträglich, daß er seine Räte zusammenrief und ihnen sein Leid klagte.

Es war aber darunter ein alter, erfahrener Mann; da er vernommen, wie es um den König stand, erhob er sich von seinem Stuhle und sprach: „Es gibt nur ein Mittel, daß wieder Schlaf in des Königs Augen kommt; aber es wird schwer zu erlangen sein. So nämlich dem Könige das Hemd eines zufriedenen Menschen geschafft werden könnte und das er beständig auf seinem Leibe trüge, so halte ich dafür, daß ihm sicherlich geholfen wäre."

Da das der König vernahm, beschloß er, dem Rate des klugen Mannes zu folgen, und wählte eine Anzahl verständiger Männer, die sollten das Reich durchwandern und schauen, ob sie nicht ein Hemd finden könnten, wie es dem Könige not tat.

Die Männer zogen aus und gingen zuerst in die schönen volkreichen Städte, weil sie gedachten, daß sie da wohl am ehesten zu ihrem Ziele kämen. Aber vergebens war ihr Fragen von Haus zu Haus nach einem zufriedenen Menschen; dem einen gebrach dies, dem andern das; so mochte sich keiner zufrieden nennen.

Da sprachen die Männer untereinander: „Hier in der Stadt finden wir doch nimmer, wonach wir suchen; darum wollen wir jetzt auf das Land hinaus gehen; da wird die Zufriedenheit wohl noch zu Hause sein." Sprachen's, ließen die Stadt mit ihrem Gewühle hinter sich und gingen den Weg durch das wallende Korn dem Dorfe zu.

Sie fragten von Haus zu Haus, von Hütte zu Hütte, sie gingen in das nächste Dorf und weiter von da, sie kehrten bei Armen und bei Reichen ein, aber keinen fanden sie, der ganz zufrieden war. Da kehrten die Männer traurig wieder um und begaben sich auf den Heimweg.

Wie sie nun so in sorgende Gedanken vertieft über eine Flur dahinwandelten, trafen sie auf einen Schweinehirten, der da gemächlich bei seiner Herde lag; indessen kam auch des Hirten Frau, trug auf ihren Armen ein Kind und brachte ihrem Manne das Morgenbrot. Der Hirte setzte sich vergnüglich zum Essen, verzehrte, was ihm gebracht war, und nachher spielte er mit seinem Kinde.

Das sahen die Männer des Königs mit Erstaunen, traten herzu und fragten den Mann, wie es käme, daß er so vergnügt wäre und hätte doch nur ein geringes Auskommen? „Meine lieben Herren", sprach der Sauhirt, „das kommt daher, weil ich mit dem, was ich habe, zufrieden bin."

Da freuten sich die Männer höchlich, daß sie endlich einen zufriedenen Menschen gefunden hätten, und erzählten ihm, in welcher Sache sie von dem Könige ausgesandt worden wären, und baten ihn, daß er ihnen für Geld und gute Worte ein Hemd von seinem Leibe geben möchte.

Der Sauhirt lächelte und sprach: „So gern ich euch, meine lieben Herren, zu Willen sein möchte, so ist es mir doch nicht möglich; denn Zufriedenheit habe ich wohl, aber kein Hemd am Leibe!"

Als das die Männer vernahmen, erschraken sie und gaben nun ganz die Hoffnung auf, ein Hemd zu finden, wie es dem Könige not tat. Betrübt und mit gesenkten Blicken traten sie wieder vor ihren Herrn und berichteten ihm, wie all ihr Suchen und Fragen vergeblich gewesen sei; sie hätten manchen gefunden, der wohl ein Hemd gehabt hätte, aber keine Zufriedenheit, und endlich hätten sie einen angetroffen, der wäre freilich zufrieden gewesen, aber leider hätte er kein Hemd gehabt.

So mußte denn der König seine Sorgen weiter tragen und voll Unruhe oft nächtelang auf seinem Bette liegen, ohne daß Schlaf in seine Augen kam, und es konnte ihm nicht geholfen werden.

Das Wunderkästchen   CHRISTOPH VON SCHMID

Eine Bäuerin hatte in ihrer Haushaltung allerlei Unglücksfälle, und ihr Vermögen nahm jährlich ab. Da ging sie in den Wald zu einem alten Einsiedler, erzählte ihm ihre betrübten Umstände und sagte: „Es geht in meinem Hause einmal nicht mit rechten Dingen her. Wißt Ihr kein Mittel, dem Übel abzuhelfen?"

Der Einsiedler, ein fröhlicher Greis, hieß sie ein wenig warten, ging in die Nebenkammer seiner Zelle, brachte über eine Weile ein kleines versiegeltes Kästchen und sprach: „Dieses Kästlein müßt Ihr ein Jahr lang, dreimal am Tage und dreimal bei Nacht in Küche, Keller, Stallungen und allen Winkeln herumtragen, so wird es besser gehen. Bringt mir übers Jahr das Kästchen wieder zurück."

Die gute Hausmutter setzte in das Kästchen ein großes Vertrauen und trug es fleißig umher. Als sie den nächsten Tag in den Keller ging, wollte der Knecht eben einen Krug Bier heimlich herauftragen. Als sie noch spät bei Nacht in die Küche kam, hatten die Mägde sich einen Eierkuchen gemacht. Als sie die Stallungen durchwanderte, standen die Kühe tief im Kot, und die Pferde hatten anstatt des Hafers nur Heu und waren nicht gestriegelt. So hatte sie alle Tage einen anderen Fehler abzustellen.

Nachdem das Jahr herum war, ging sie mit dem Kästchen zum Einsiedler und sagte vergnügt: „Alles geht nun besser. Laßt mir das Kästchen noch ein Jahr; es enthält gar ein treffliches Mittel."

Da lachte der Einsiedler und sprach: „Das Kästchen kann ich Euch nicht lassen; das Mittel aber, das darin verborgen ist, sollt Ihr haben." Er öffnete das Kästchen und sieh', es war nichts darin als ein weißes Blättchen Papier, auf dem geschrieben stand:

> Soll alles wohl im Hause steh'n,
> So mußt du selber wohl nachseh'n.

Der Weltfreund   WALTER VON MOLO

Ein Mann entschloß sich, weil ihm die ausschließliche Sorgfalt für seine Frau und seine Kinder zu egoistisch erschien, nur mehr für die Gesamtheit zu sorgen und für sie von nun an allein zu leben. Er pilgerte ans Meer der Unendlichkeit. Das erste, was er sah, war ein Fischchen, das jappend in Todesqualen neben der gelassen kommenden und gehenden Wellengrenze lag, die es ans Land geworfen hatte. Der Mann bückte sich; mitleidig warf er das Fischchen in dessen Element zurück. Er sah zur Rechten ein anderes gelandetes Fischchen glänzen, das auch voll Todesangst in der Sonne sprang, die gleichgültig darauf nieder brannte. Als der Mann auch diesem Fischlein brüderlich ins Glück des Lebens zurückgeholfen hatte, glitzerte es zur Linken, bald da und bald dort, überall von Gestrandeten auf dem Sande, und er mußte mit gehobenen Armen die hartherzigen Möwen scheuchen, die blutgierig darauf niederstießen, während er bald rechts und bald links sprang, Tag und Nacht, um Gottes Geschöpfe zu retten. Nun starb in der Strecke von einer Viertelstunde Gehlänge auf dem langen Strande des unendlichen Weltmeeres kein Fischchen mehr. Doch es wurden auch tote Fische ausgeworfen, und wer bürgte dafür, daß die Fischchen, die er gerettet hatte, nicht ein zweites Mal, woanders, die Härte der Brandung erfuhren? Nach einer Woche brach der Weltfreund tot zusammen; die Frau und die Kinder, im größten Elend zurückgelassen, sahen wieder rechts und links sterbende Fischchen auf dem Strande hüpfen, die Möwen jubilierten, das Meer brauste wie früher, in unveränderlicher Verschlossenheit.

Das Hirtenbüblein BRÜDER GRIMM

Es war einmal ein Hirtenbübchen, das war wegen seiner weisen Antworten, die es auf alle Fragen gab, weit und breit berühmt. Der König des Landes hörte auch davon, glaubte es nicht und ließ das Bübchen kommen. Da sprach er zu ihm: „Kannst du mir auf drei Fragen, die ich dir vorlegen will, Antwort geben, so will ich dich ansehen wie mein eigen Kind, und du sollst bei mir in meinem königlichen Schloß wohnen." Sprach das Büblein: „Wie lauten die drei Fragen?" Der König sagte: „Die erste lautet: Wieviel Tropfen Wasser sind in dem Weltmeer?" Das Hirtenbüblein antwortete: „Herr König, laßt alle Flüsse auf der Erde verstopfen, damit kein Tröpflein mehr daraus ins Meer läuft, das ich nicht erst gezählt habe, so will ich Euch sagen, wieviel Tropfen im Meer sind." Sprach der König: „Die andere Frage lautet: Wieviel Sterne stehen am Himmel?" Das Hirtenbübchen sagte: „Gebt mir einen großen Bogen weiß Papier", und dann machte es mit der Feder soviel feine Punkte darauf, daß sie kaum zu sehen und fast gar nicht zu zählen waren und einem die Augen vergingen, wenn man darauf blickte. Darauf sprach es: „Soviel Sterne stehen am Himmel als hier Punkte auf dem Papier, zählt sie nur!" Aber niemand war dazu imstand. Sprach der König: „Die dritte Frage lautet: Wieviel Sekunden hat die Ewigkeit?" Da sagte das Hirtenbüblein: „In Hinterpommern liegt der Demantberg, der hat eine Stunde in die Höhe, eine Stunde in die Breite und eine Stunde in die Tiefe; dahin kommt alle hundert Jahr ein Vögelein und wetzt sein Schnäbelein daran, und wenn der ganze Berg abgewetzt ist, dann ist die erste Sekunde von der Ewigkeit vorbei."
Sprach der König: „Du hast die drei Fragen aufgelöst wie ein Weiser und sollst fortan bei mir in meinem königlichen Schlosse wohnen, und ich will dich ansehen wie mein eigenes Kind."

Die drei Brüder BRÜDER GRIMM

Es war ein Mann, der hatte drei Söhne und weiter nichts im Vermögen als das Haus, worin er wohnte. Nun hätte jeder gerne nach seinem Tode das Haus gehabt; dem Vater war aber einer so lieb wie der andere, da wußte er nicht, wie er's anfangen sollte, daß er keinem zu nahe träte; verkaufen wollte er das Haus auch nicht, weil's von seinen Voreltern war, sonst hätte er das Geld unter sie geteilt. Da fiel ihm endlich ein Rat ein, und er sprach zu seinen Söhnen: „Geht in die Welt und versucht euch, und lerne jeder sein Handwerk; wenn ihr dann wiederkommt, wer das beste Meisterstück macht, der soll das Haus haben."

Das waren die Söhne zufrieden, und der älteste wollte ein Hufschmied, der zweite ein Barbier, der dritte aber ein Fechtmeister werden. Darauf bestimmten sie eine Zeit, wo sie wieder nach Hause zusammenkommen wollten, und zogen fort. Es traf sich auch, daß jeder einen tüchtigen Meister fand, wo er was Rechtschaffenes lernte. Der Schmied mußte des Königs Pferde beschlagen und dachte: Nun kann dir's nicht fehlen, du kriegst das Haus. Der Barbier rasierte lauter vornehme Herren und meinte auch, das Haus wäre schon sein. Der Fechtmeister kriegte manchen Hieb, biß aber die Zähne zusammen und ließ sich's nicht verdrießen, denn er dachte bei sich: Fürchtest du dich vor einem Hieb, so kriegst du das Haus nimmermehr.

Als nun die gesetzte Zeit herum war, kamen sie bei ihrem Vater wieder zusammen; sie wußten aber nicht, wie sie die beste Gelegenheit finden sollten, ihre Kunst zu zeigen, saßen beisammen und ratschlagten. Wie sie so saßen, kam auf einmal ein Hase übers Feld dahergelaufen.

„Ei", sagte der Barbier, „der kommt wie gerufen", nahm Becken und Seife, schaumte so lange, bis der Hase in die Nähe kam, dann seifte er ihn in vollem Laufe ein und rasierte ihm auch in vollem Laufe ein Stutzbärtchen, und dabei schnitt er ihn nicht und tat ihm an keinem Haare weh.

„Das gefällt mir", sagte der Vater, „wenn sich die andern nicht gewaltig anstrengen, so ist das Haus dein."

Es währte nicht lang, so kam ein Herr in einem Wagen dahergerannt in vollem Jagen. „Nun sollt Ihr sehen, Vater, was ich kann", sprach der Hufschmied, sprang dem Wagen nach, riß dem Pferd, das in einem fort jagte, die vier Hufeisen ab und schlug ihm auch im Jagen vier neue wieder an.

„Du bist ein ganzer Kerl", sprach der Vater, „du machst deine Sache so gut wie dein Bruder; ich weiß nicht, wem ich das Haus geben soll."

Da sprach der dritte: „Vater, laßt mich auch einmal gewähren", und weil es anfing zu regnen, zog er seinen Degen und schwenkte ihn in Kreuzhieben über seinem Kopf, daß kein Tropfen auf ihn fiel; und als der Regen stärker ward und endlich so stark, als ob man mit Mulden vom Himmel gösse, schwang er den Degen immer schneller und blieb so trocken, als säße er unter Dach und Fach. Wie der Vater das sah, erstaunte er und sprach: „Du hast das beste Meisterstück gemacht, das Haus ist dein."

Die beiden andern Brüder waren damit zufrieden, wie sie vorher gelobt hatten, und weil sie einander so lieb hatten, blieben sie alle drei zusammen im Haus und trieben ihr Handwerk; und da sie so gut ausgelernt hatten und so geschickt waren, verdienten sie viel Geld. So lebten sie vergnügt bis in ihr Alter zusammen, und als der eine krank ward und starb, grämten sich die zwei andern so sehr darüber, daß sie auch krank wurden und bald starben. Da wurden sie, weil sie so geschickt gewesen waren und sich so lieb gehabt hatten, alle drei zusammen in ein Grab gelegt.

Der kluge Richter   JOHANN PETER HEBEL

Ein reicher Mann hatte eine beträchtliche Geldsumme, die in einem Tuch eingenäht war, aus Unvorsichtigkeit verloren. Er machte daher seinen Verlust bekannt und bot, wie man zu tun pflegt, dem ehrlichen Finder eine Belohnung an, und zwar von hundert Talern. Da kam bald ein guter und ehrlicher Mann dahergegangen. „Dein Geld habe ich gefunden. Dies wird's wohl sein. So nimm dein Eigentum zurück!" So sprach er mit dem heitern Blick eines ehrlichen Mannes und eines guten Gewissens, und das war schön. Der andere machte auch ein fröhliches Gesicht, aber nur, weil er sein verloren geschätztes Geld wiederhatte. Denn wie es um seine Ehrlichkeit aussah, das wird sich bald zeigen. Er zählte das Geld und dachte unterdessen geschwinde nach, wie er den treuen Finder um seine versprochene Belohnung bringen könne. „Guter Freund", sprach er hierauf, „es waren eigentlich achthundert Taler in dem Tuch eingenäht, ich finde aber nur noch siebenhundert Taler. Ihr werdet also wohl eine Naht aufgetrennt und Eure hundert Taler Belohnung schon herausgenommen haben. Daran habt Ihr wohlgetan. Ich danke Euch." Das war nicht schön; aber wir sind noch nicht am Ende. Ehrlich währt am längsten, und Untreue schlägt ihren eigenen Herrn. Der ehrliche Finder, dem es weniger um die hundert Taler als um seine unbescholtene Rechtschaffenheit zu tun war, versicherte, daß er das Päcklein so gefunden habe, wie er es bringe, und es so bringe, wie er's gefunden habe. Am Ende kamen sie vor den Richter. Beide bestanden auch hier noch auf ihren Behauptungen, der eine, daß achthundert Taler eingenäht gewesen seien, der andere, daß er von dem gefundenen Gelde nichts herausgenommen und das Päcklein nicht versehrt habe. Da war guter Rat teuer. Aber der kluge Richter, der die Ehrlichkeit des einen und die schlechte Gesinnung des andern im voraus zu kennen schien, griff die Sache so an: Er ließ sich von beiden über das, was sie aussagten, eine feste und feierliche Versicherung geben und tat hierauf folgenden Spruch: „Demnach, wenn der eine von euch achthundert Taler verloren, der andere aber nur ein Päcklein mit siebenhundert Talern gefunden hat, so kann auch das Geld des zweiten nicht das nämliche sein, auf das der erste sein Recht hat. Du, ehrlicher Freund, nimmst also das Geld, das du gefunden hast, wieder zurück und behältst es in guter Verwahrung, bis der kommt, der nur siebenhundert Taler verloren hat! Und dir da weiß ich keinen bessern Rat, als du geduldest dich, bis derjenige sich meldet, der deine achthundert Taler findet." So sprach der Richter, und dabei blieb es.

Die ewige Bürde

AUGUST JAKOB LIEBESKIND

Der Kalif Hakkam, der die Pracht liebte, wollte die Gärten seines Palastes verschönern und erweitern. Er kaufte alle benachbarten Ländereien und bezahlte den Eigentümern so viel dafür, als sie verlangten. Nur eine arme Witwe fand sich, die das Erbteil ihrer Väter aus frommer Gewissenhaftigkeit nicht veräußern wollte und alle Anerbietungen, die man ihr machte, ausschlug. Den Aufseher der königlichen Gebäude verdroß der Eigensinn dieser Frau; er nahm ihr das kleine Land mit Gewalt weg, und die arme Witwe kam weinend zum Richter.

Ibn Beschir war eben Kadi der Stadt. Er ließ sich den Fall vortragen und fand ihn bedenklich; denn obschon die Gesetze der Witwe ausdrücklich recht gaben, so war es doch nicht leicht, einen Fürsten, der gewohnt war, seinen Willen für die vollkommene Gerechtigkeit zu halten, zur freiwilligen Erfüllung eines veralteten Gesetzes zu bewegen.

Was tat also der gerechte Kadi? Er sattelte seinen Esel, hängte ihm einen großen Sack über den Hals und ritt unverzüglich nach den Gärten des Palastes, wo der Kalif sich eben in dem schönen Gebäude befand, das er auf dem Erbteil der Witwe erbaut hatte.

Die Ankunft des Kadi mit seinem Esel und Sack setzte ihn in Verwunderung; und noch mehr erstaunte er, als Ibn Beschir sich ihm zu Füßen warf und also sagte: „Erlaube mir, Herr, daß ich diesen Sack mit Erde von diesem Boden fülle!" Hakkam gab es zu. Als der Sack voll war, bat Ibn Beschir den Kalifen, ihm den Sack auf den Esel heben zu helfen. Hakkam fand dieses Verlangen noch sonderbarer; um aber zu sehen, was der Mann vorhabe, griff er mit an. Allein der Sack war nicht zu bewegen, und der Kalif sprach: „Die Bürde ist zu schwer, Kadi, zu gewichtig."

„Herr!" antwortete Ibn Beschir mit edler Dreistigkeit, „du findest diese Bürde zu schwer, und sie enthält doch nur einen kleinen Teil der Erde, die du ungerechterweise einer armen Witwe genommen hast! Wie willst du denn das ganze geraubte Land tragen können, wenn es der Richter der Welt am großen Gerichtstage auf deine Schultern legen wird?"

Der Kalif war betroffen; er lobte die Herzhaftigkeit und Klugheit des Kadi und gab der Witwe das Land mit allen Gebäuden, die er hatte anlegen lassen, wieder.

WORT- UND SACHERKLÄRUNGEN: Kalif = Herrscher; Titel der Nachfolger Mohammeds. Kadi = islamischer Richter; er entscheidet nach dem Religionsgesetz.

Dampf und Klang CHRISTOPH VON SCHMID

Ein Reisender kam in die Küche eines Gasthauses, als der Wirt eben einen Braten vom Spieß nahm. „Soll ich Euch ein Stück davon abschneiden?" fragte der Wirt. „O nein", antwortete der Mann, „ich habe mich an dem wohlriechenden Dampf schon hinreichend erquickt." „Nun denn", sprach der Wirt, „so bezahlt für den Dampf sechs Kreuzer." Der Fremde fand diese Forderung lächerlich und schüttelte den Kopf. Allein der Wirt packte ihn und führte ihn vor den Schultheiß.

Der Schultheiß befahl dem Fremden, den Wirt zu bezahlen, und der Mann warf den Sechser mit Unwillen auf den Tisch. „Habt Ihr den Klang gehört, Herr Wirt, klingt es gut?" fragte der Richter. „O ja", sagte der Wirt und wollte das Geld lachend einstecken. Allein der Richter rief: „Halt!" und tat nun erst den richterlichen Ausspruch: „Da Euer Gast sich mit dem Dampf des Bratens begnügte, so ist es nicht mehr als billig, daß Ihr Euch mit dem Klang des Geldes zufrieden gebt."

Der Gänsebraten WILLI FEHSE

Einer Bäuerin war von zwei Radfahrern eine fette Gans totgefahren worden. Sie verlangte fünfzehn Mark dafür, und das sei, meinte sie, noch unter Preis.

Die Radfahrer mußten das zugeben. Sie leugneten auch nicht, die Dorfstraße in wilder Fahrt hinuntergejagt zu sein. „Einigen wir uns!" sagten sie. „Wir wollen zehn Mark geben. Dafür können Sie auch die Gans behalten und selber braten!"

„Wir essen keinen Gänsebraten", wehrte die Bäuerin ab. „Ich will die fünfzehn Mark haben!"

Die Radfahrer zuckten die Achseln. „Unmöglich", sagten sie. „Wir haben nur zehn bei uns!"

„Wenn ihr nicht wollt", entgegnete die Bäuerin, „es ist gerade Gerichtstag im Dorf. Kommt mit zum Richter!"

Der Richter hörte sich den Handel an und wog die Gans dabei prüfend in den Händen.

„Gebt mir eure zehn Mark!" entschied er schließlich, indem er sich an die Radfahrer wandte. Dann legte er aus seinem Säckel fünf dazu, gab die fünfzehn Mark der Bäuerin, nahm die Gans unter den Arm und verzog sich schmunzelnd in seine Privaträume.

Guten Appetit!

Die Zauberstäbe

WILLI FEHSE

In einer Schule war einmal ein kleiner Geldbetrag entwendet worden. Für den Diebstahl kamen fünf Achtjährige in Frage. Sie waren während der Pause in der Klasse gesehen worden. Aber alle leugneten, und die Untersuchung ergab nichts.

Da nahm der Lehrer schließlich fünf gleich lange hölzerne Stäbe aus seinem Katheder.

„Das sind Zauberstäbe", sagte er ernst, indem er jedem der fünf Verdächtigen einen davon überreichte. „Nehmt sie bis morgen mit nach Hause! Der Stab des Diebes wird dann um einen Finger breit gewachsen sein."

Als der Lehrer am nächsten Tag die Stäbchen einsammelte, fand er den einen um Fingerbreite verkürzt. Er wußte nun sogleich, bei wem das Geld zu suchen war. Der Dieb hatte es nämlich zu Hause mit der Angst bekommen und seinen Stab heimlich um das Stückchen verkleinert, das er wachsen sollte.

Die gesottenen Eier

KARL BLANCK

Es war ein Mann, der ging über Land, hatte wenig Geld bei sich, und als er auf dem Heimwege noch einmal im Wirtshaus einkehrte und fünf gesottene Eier aß, mußte er die Zeche schuldig bleiben. Nach fünf Jahren kam er wieder in das nämliche Wirtshaus und wollte jetzt auch seine alte Schuld bezahlen. Da rechnete die Wirtin und rechnete, machte ihm eine Rechnung von fünfzig Talern und sagte: so viel hätte sie jetzt an Hühnern und Eiern verdient, wenn die fünf Eier, die er damals gegessen habe, von der Glucke ordentlich ausgebrütet und Hühner geworden wären, die wieder Eier gelegt hätten, und diese Eier wären wieder ausgebrütet worden und so immer weiter. Als der Mann das hörte, weigerte er sich zu bezahlen und ging fort. Die Frau aber ging am anderen Tage zum Richter, zu dessen Untergebenen auch der Mann gehörte, und trug ihre Rechnung vor. Der Richter befand sie ganz richtig, schickte den Gerichtsdiener zu dem Manne und bestellte ihn auf den nächsten Tag um zehn Uhr morgens vor

Gericht, um ihm anzukündigen, daß er die fünfzig Taler bezahlen solle.

Der Mann machte sich also früh auf, um zur rechten Zeit vor Gericht zu erscheinen. Unterwegs traf er einen Bauern bei seiner Feldarbeit, und als der ihn so traurig daherkommen sah, hielt er inne und fragte ihn, was er für einen Gang vorhabe. Der Angeschuldigte erzählte ihm alles, der Bauer aber sprach: „Legt euch dort unter jene Eiche am Feldrain, ich will mich beim Richter für Euch ausgeben und Eure Sache wohl in Ordnung bringen. Aber zuerst muß ich hier meinen Acker fertig bestellen, so lange mag der Richter warten."

Der Mann legte sich also unter die Eiche, sah aber mit großer Unruhe, daß der Bauer sich gar nicht eilte. Schon war es zwölf Uhr vorbei, als er zum Richter ging, und dieser wollte eben zu Tische gehen, da er anlangte; deshalb fuhr er ihn hart an und fragte, weshalb er nicht früher gekommen wäre. „Ei", sagte der Bauer, „ich bin ein Bauersmann, wie Ihr seht, und einem Bauern wird das Leben jetzt sauer gemacht. Ich mußte heut' Erbsen säen, stand gar früh auf und gedachte zur rechten Zeit mit dem Säen fertig zu sein, so daß ich um zehn Uhr vor Gericht erscheinen könnte, aber jetzt ist alles so weitläufig und die Erbsen wollen vor dem Säen erst gekocht sein."

„Gekocht", fragte der Richter, „und dann noch gesät? Wie soll ich das verstehen?"

„Ja", sagte der Bauer, „das ist jetzt die neueste Mode, seit die Wirtinnen sich von gesottenen Eiern einen ganzen Hühnerhof bezahlen lassen. Früher gab freilich nur ein rohes Ei ein junges Huhn, und damals brauchte man auch die Erbsen nicht zu kochen, wenn man sie säen wollte. Aber alles schreitet jetzt fort und macht große Ansprüche, darum wollen die Erbsen nicht aufgehen, wenn sie nicht erst gekocht sind."

Da lachte der Richter, bestimmte, daß nur wenige Pfennige für die gesottenen Eier bezahlt werden sollten, und ging zu Tische.

Der afrikanische Rechtsspruch   JOHANN GOTTFRIED HERDER

Alexander aus Mazedonien kam einst in eine entlegene goldreiche Provinz von Afrika. Die Einwohner gingen ihm entgegen und brachten ihm Schalen dar voll goldener Früchte. „Esset ihr diese Früchte bei euch!" sprach Alexander. „Ich bin nicht gekommen, eure Reichtümer zu sehen, sondern von euren Sitten zu lernen." Da führten sie ihn auf den Markt, wo ihr König Gericht hielt.

Eben trat ein Bürger vor und sprach: „Ich kaufte, o König, von diesem

Mann einen Sack voll Spreu und habe einen ansehnlichen Schatz in ihm gefunden. Die Spreu ist mein, aber nicht das Gold; und dieser Mann will es nicht wieder nehmen. Sprich ihm zu, o König, denn es ist das Seine!"
Und sein Gegner, auch ein Bürger des Orts, antwortete: „Du fürchtest dich, etwas Unrechtes zu behalten; und ich sollte mich nicht fürchten, ein solches von dir zu nehmen? Ich habe dir den Sack verkauft nebst allem, was drinnen ist; behalte das Deine. Sprich ihm zu, o König!"
Der König fragte den ersten, ob er einen Sohn habe. Er antwortete: „Ja."
Er fragte den andern, ob er eine Tochter habe, und bekam „Ja" zur Antwort. „Wohlan!" sprach der König, ihr seid beide rechtschaffene Leute; verheiratet eure Kinder untereinander und gebet ihnen den gefundenen Schatz zur Hochzeitsgabe – das ist meine Entscheidung."
Alexander staunte, da er diesen Ausspruch hörte. „Habe ich unrecht gerichtet", sprach der König, „daß du also erstaunest?"
„Mitnichten", antwortete Alexander, „aber in unserem Lande würde man anders richten." – „Und wie denn?" fragte der afrikanische König. „Beide Streitende", sprach Alexander, verlören die Häupter, und der Schatz käme in die Hände des Königs."
Da schlug der König die Hände zusammen und sprach: „Scheinet bei euch auch die Sonne, und läßt der Himmel noch auf euch regnen?" Alexander antwortete: „Ja." – „So muß es", fuhr der König fort, „der unschuldigen Tiere wegen sein, die in eurem Lande leben; denn über solche Menschen sollte keine Sonne scheinen, kein Himmel regnen!"

Das Land der redlichen Leute   CHRISTOPH VON SCHMID

In einem weit entfernten Lande traten einst zwei Bauern vor den Richter. Der eine sagte: „Ich habe von meinem Nachbarn hier ein Grundstück gekauft; als ich es umgrub, fand ich einen Schatz darin, den kann ich mit gutem Gewissen nicht behalten; denn ich kaufte nur den Boden und habe an dem Schatz kein Recht."
Der andere sagte: „Ich kann das viele Gold und Silber ebensowenig mit gutem Gewissen annehmen. Ich habe das Geld nicht vergraben, und es gehört mir also auch nicht. Überdies verkaufte ich dem Nachbarn den Boden mit allem, was darin ist und behielt mir nichts vor. Beide sagten: „Entscheide nun du, weiser Richter, wem der Schatz gehöre."
Der Richter sprach zu ihnen: „Ich habe gehört, der Sohn des einen und die Tochter des anderen wollen einander heiraten. Gebt den zwei Kindern den Schatz zum Heiratsgute."

Die ehrlichen Männer versprachen, es zu tun und gingen erfreut nach Hause. Ein fremder Mann, der dabei stand, war höchst erstaunt und sagte: „In meinem Lande wäre die Sache anders gegangen. Der Käufer hätte nicht daran gedacht, dem Verkäufer nur einen Heller zu geben und hätte deswegen den Schatz verheimlicht. Wäre ihm dieses nicht gelungen, so hätte der andere geklagt und den Schatz für sich gefordert. Der Prozeß aber, der daraus entstanden wäre, hätte vielleicht mehr gekostet, als der ganze Schatz betrug."

Der Richter verwunderte sich und sprach: „Scheint in deinem Lande auch die Sonne?" — „O ja", sagte der Mann. „Regnet es dort auch?" fragte der Richter weiter. „Freilich", sagte der Mann. „Das ist sonderbar", sprach der Richter, „allein gibt es bei Euch auch Kühe und Schafe?" — „Sehr viele", sagte der Fremde.

„Nun wohl", rief der Richter, „so wird der liebe Gott wegen dieser unschuldigen Tiere in jenem Lande die Sonne scheinen und es regnen lassen. Denn ihr verdient es wahrhaftig nicht."

> Im Land, wo Treu' und Glauben fliehen,
> Kann weder Glück noch Segen blühen.

Ein schöner Einfall

SIGISMUND VON RADECKI

Von dem ehemaligen New Yorker Bürgermeister La Guardia erzählt man sich folgende großartige Geschichte:

Eines Tages fungierte er, wie er zuweilen tat, als Polizeirichter. Es war ein eisigkalter Wintertag. Man führte ihm einen zitternden alten Mann vor. Anklage: Entwendung eines Laibes Brot aus einer Bäckerei.

Der Angeklagte entschuldigte sich damit, daß seine Familie am Verhungern sei.

„Ich muß Sie bestrafen", erklärte La Guardia. „Das Gesetz duldet keine Ausnahme. Ich kann nichts tun, als Sie zur Zahlung von zehn Dollars verurteilen."

Dann aber griff er in die Tasche und setzte hinzu: „Well, hier sind die zehn Dollars, um Ihre Strafe zu bezahlen. — Und nun erlasse ich Ihnen die Strafe."

Hierbei warf La Guardia die Zehndollarnote in seinen grauen Filzhut.

„Und nun", setzte er mit erhobener Stimme fort, „bestrafe ich jeden Anwesenden in diesem Gerichtssaal mit einer Buße von fünfzig Cent — und zwar dafür, daß er in einer Stadt lebt, wo ein Mensch Brot stehlen muß, um essen zu können! — Herr Gerichtsdiener, kassieren Sie die Geldstrafen

sogleich ein und übergeben Sie sie dem Angeklagten."
Der Hut machte die Runde. Und ein noch halb ungläubiger alter Mann verließ den Saal mit siebenundvierzig Dollars fünfzig Cent in der Tasche.

Salomonisches Urteil SIGISMUND VON RADECKI

Es gibt ein Urteil, das dem berühmten Salomonischen an Weisheit nichts
nachgibt, ja, es vielleicht noch übertrifft. Es wurde von einem schottischen
Geistlichen gefällt.
Die zwei Brüder James und Donald Macpherson können sich über das
Teilen der väterlichen Erbschaft nicht einig werden. Sie wenden sich an den
Geistlichen um Rat. Dieser denkt eine Weile nach und spricht:
„Ich gebe James Vollmacht, die Erbschaft nach seinem Gutdünken zu
teilen."
James lächelt. Donald macht eine protestierende Handbewegung.
Der Geistliche fährt fort:
„Und Donald gebe ich die Vollmacht, als *erster* seinen Teil auszuwählen."
Donald lächelt. James denkt sorgenvoll nach.

Sonderbarer Rechtsfall in England HEINRICH VON KLEIST

Man weiß, daß in England jeder Beklagte zwölf Geschworene von seinem Stande zu Richtern hat, deren Ausspruch einstimmig sein muß, und
die, damit die Entscheidung sich nicht zu sehr in die Länge verziehe, ohne
Essen und Trinken so lange eingeschlossen bleiben, bis sie eines Sinnes
sind. Zwei Gentlemen, die einige Meilen von London lebten, hatten in Gegenwart von Zeugen einen sehr lebhaften Streit miteinander; der eine
drohte dem andern und setzte hinzu, daß, ehe vierundzwanzig Stunden
vergingen, ihn sein Betragen reuen solle. Gegen Abend wurde dieser Edelmann erschossen gefunden; der Verdacht fiel natürlich auf den, der die
Drohungen gegen ihn ausgestoßen hatte. Man brachte ihn zu gefänglicher
Haft, das Gericht wurde gehalten, es fanden sich noch mehrere Beweise,
und elf Beisitzer verdammten ihn zum Tode; allein der zwölfte bestand
hartnäckig darauf, nicht einzuwilligen, weil er ihn für unschuldig hielt.
Seine Kollegen baten ihn, Gründe anzuführen, warum er dies glaubte;
allein er ließ sich nicht darauf ein und beharrte bei seiner Meinung. Es war
schon spät in der Nacht, und der Hunger plagte die Richter heftig; einer
stand endlich auf und meinte, daß es besser sei, einen Schuldigen loszuspre-

chen, als elf Unschuldige verhungern zu lassen; man verfertigte also die Begnadigung aus, führte aber auch zugleich die Umstände an, die das Gericht dazu gezwungen hätten. Das ganze Publikum war wider den einzigen Starrkopf; die Sache kam sogar vor den König, der ihn zu sprechen verlangte; der Edelmann erschien, und nachdem er sich vom König das Wort geben lassen, daß seine Aufrichtigkeit nicht von nachteiligen Folgen für ihn sein sollte, so erzählte er dem Monarchen, daß, als er im Dunkeln von der Jagd gekommen und sein Gewehr losgeschossen, es unglücklicherweise diesen Edelmann, der hinter einem Busche gestanden, getötet habe. „Da ich", fuhr er fort, „weder Zeugen meiner Tat noch meiner Unschuld hatte, so beschloß ich, Stillschweigen zu beobachten; aber als ich hörte, daß man einen Unschuldigen anklagte, so wandte ich alles an, um einer von den Geschworenen zu werden; fest entschlossen, eher zu verhungern, als den Beklagten umkommen zu lassen." Der König hielt sein Wort, und der Edelmann bekam seine Begnadigung.

Die Weisheit des Narren EVA FIEDLER

Es war einmal ein Land, in dem herrschte ein König, der war gut und edel wie kein anderer. Nun hatte der König einen Narren, der war gleichermaßen beliebt am Hofe wie beim Volke. Sein Lieblingsausspruch war: „Es kommt im Leben bloß darauf an, die Dinge auf den Kopf zu stellen", und kaum hatte er das gesagt, so stand er auch schon selbst auf seinem Kopf und brachte den ganzen Hof zum Lachen. War der König über irgendein Mißgeschick seiner Untertanen traurig, so wußte der Narr ihn immer wieder zu trösten und aufzuheitern. — Da aber geschah es, daß über das glückliche Land ein großes Unglück kam: wurde ein Kind geboren und wollte der König sich eben so recht von Herzen über den neuen Erdenbürger freuen, so kam auch schon die Nachricht, daß zur selben Zeit einer seiner Untertanen gestorben sei, so daß die Freude des Königs sich augenblicklich in Trauer verwandelte. Man suchte, das schwere Schicksal durch Gebete und Messen abzuwenden, doch umsonst — sobald im Land ein Kind zur Welt kam, starb irgendein anderer Bürger.

Da geschah es, daß einer von des Königs Ministern einen Sohn bekam, welcher der Stolz seines Vaters war, und bei dessen Taufe sogar der König Pate stehen sollte. Kaum war dem König die glückliche Geburt des Kindes mitgeteilt worden, als ihm schon die Nachricht gebracht wurde, daß das Kind eines anderen Ministers plötzlich gestorben sei.

Da erschien dem König das Mißgeschick seines Volkes unerträglich. Verzweifelt verließ er den Palast und ging in den Wald, um sein Leben als Einsiedler zu beschließen. Tagelang wartete das Volk vergeblich auf des guten Königs Rückkehr, endlich schickte man einen seiner Minister aus, ihn zu suchen. Der fand den König in einer ärmlichen Einsiedlerhütte, fest entschlossen, nicht mehr an den Hof zurückzukehren, da er die Not seiner Untertanen nicht mehr länger mitansehen konnte. Vergeblich stellte ihm der Minister vor, wie verlassen die arme Stadt sei, wie am Hofe niemand aus noch ein wüßte — er konnte den König nicht zur Heimkehr bewegen. Ein Minister nach dem anderen wurde ausgeschickt, doch keinem gelang es, den König von seinem Entschluß abzubringen.

Zuletzt sprach der Narr: „Laßt mich zum König gehen, ich bin sicher, ich bringe ihn zurück." Doch das Volk rief: „Was kann ein Narr uns nützen, wenn die Klügsten unter uns nichts erreichen?" Aber der Narr bat so inständig, daß die Minister endlich nachgaben und den Narren zum König schickten. — Und siehe da! Kaum eine Stunde war vergangen, da erschien der König wohlgemut am Arm des Narren und tauschte seine Einsiedlerkutte gegen neue königliche Gewänder ein.

Die Minister umstanden den Narren voller Staunen und bestürmten ihn, wie er denn dieses Wunder zustande gebracht habe. Da erzählte der Narr, wie er den König in tiefster Trauer vorgefunden, wie er vergeblich all seine Überredungskunst angewandt und wie er zuletzt gewagt habe, seinen alten Weisheitsspruch zu versuchen und dem König zu raten, die Dinge ganz einfach auf den Kopf zu stellen. „Du behauptest, edler Fürst", habe er gesagt, „dein Land sei von Mißgeschick verfolgt: immer, wenn ein Kind in deinem Reiche zur Welt komme, so sterbe zu gleicher Zeit ein anderer deiner Bürger, so daß augenblicklich alle Freude in Trauer verkehrt werde. Stelle die Dinge auf den Kopf und sage dir, daß du vieles vor anderen Herrschern voraus hast: stirbt in deinem Reiche einer und trauern deine Untertanen, so wird gleichzeitig an anderer Stelle ein neues Leben geboren. Ist dies nicht ein Wunder?" Da habe der König ihn mit Tränen umarmt: „Deine Weisheit, o Narr, ist groß — laß uns von nun an die Dinge auf den Kopf stellen!" Und glücklich habe er seinen Arm genommen und sei mit ihm zu seinen Untertanen zurückgekehrt.

Die Besichtigung

KARL RAUCH

Ein Bildhauer arbeitete an der plastischen Verwirklichung einer ganz bestimmten Aufgabe zu gleicher Zeit in zwei verschiedenen Fassungen. Der einen davon widmete er sich in seiner Werkstatt, während er sich mit der Ausführung der anderen in seiner Wohnung beschäftigte. In der Werkstatt empfing er viele Freunde und Besucher, und sie alle erteilten gute Ratschläge.

In der Wohnung aber hielt er den Zutritt für jedermann streng verboten. — In der Werkstatt richtete er sich mit möglichster Genauigkeit nach den so wohlwollend erteilten Ratschlägen — in der Wohnung arbeitete er ganz allein. Als nun die beiden Bildwerke fertig waren, stellte er sie aus — alle beide — nebeneinander. Die ihn in der Werkstatt besucht hatten, erschienen zur Besichtigung. Mit Hohngelächter fielen sie über die in der Werkstatt entstandene Arbeit her — aber sie alle lobten die andere Arbeit, jene, die in der Wohnung entstanden war, über alle Maßen.

„Warum lacht ihr eigentlich so über euer eigenes Werk?" fragte sie der Bildhauer. Erstaunt fragten die Freunde zurück: „Unser Werk? Wieso das?" — „Euer Werk, gewiß! Nach euren Vorschlägen habe ich es geschaffen ... das andere aber ist meine eigene Arbeit!"

Der Beweis

KARL RAUCH

Ein junger, noch wenig bekannter Maler hatte den Auftrag bekommen, eine viel umschwärmte Herzogin zu porträtieren. Als das Bild fertig war, erklärten die Freunde der Herzogin, daß es mißlungen und sehr unähnlich wäre. Der Maler, der solche Vorwürfe nicht auf sich sitzen lassen wollte, schlug vor, man möge doch die Entscheidung über die Ähnlichkeit von der Haltung des zierlichen Lieblingshündchens der Herzogin abhängig machen.

Eine große Gesellschaft versammelte sich im Saale vor dem Porträt. Der Hund wurde hereingelassen, sprang eilends auf das Gemälde zu, leckte daran nach allen Seiten und zeigte sich sehr beglückt und erfreut, wie er es sonst nur in unmittelbarer Nähe der Herzogin zu tun pflegte.

Der Maler erschien aufs trefflichste gerechtfertigt ... Daß er kurz vorher das Bild mit Speckschwarte eingerieben hatte, blieb sein Geheimnis.

3. VON GUTEN MENSCHEN

Der heilige Martin in Sibirien   WILHELM EBERHARD

„Wann soll der Bischof von Tours in Sibirien gewesen sein?", wirst du fragen, und doch ist er mir dort begegnet. Nun ja, er hatte kein Pferd mehr, aber er war doch ein Soldat. Und was den Mantel betrifft, so war es eine große Decke, ein Woilach, wie die Landser sagten, der über zwei Pferde reichte. Das Schwert war eigentlich eine alte Rasierklinge, denn wo sollte der Plennie (russisch: Gefangener) ein Schwert herhaben? Er hätte es auch nicht mehr führen können, denn sie hatten ihm ein Stück vom Schulterknochen weggeschossen, so daß sein Arm fast ohne Kraft war.

Nacht für Nacht waren wir gemeinsam zur Arbeit gegangen, Martin und ich. Einmal war die Zuckerration für unsere Gruppe erst kurz vor dem Antreten zur Arbeit ausgegeben worden, und im dämmerigen Zelt konnte man sie nicht mehr verteilen. Da schlugen wir den Zuckertopf in meine Decke ein. Am Morgen, wenn wir zurückkämen, sollte jeder seinen Anteil bekommen.

Müde, hungrig und traurig, wie immer nach der zehnstündigen, pausenlosen Arbeit, kamen wir in der Morgendämmerung zurück, aber der Zucker, der Topf und meine Decke waren weg. Ich war erst sehr niedergeschlagen, weil der Winter vor der Tür stand und mir vor den kalten Nächten graute. „Dann, dann werden wir zu zweit unter meiner Decke schlafen", sagte Martin, „sie ist groß genug". Ja, das ging auch wirklich gut, die Decke war groß und wunderbar warm, und wir schliefen fest nach der Erschöpfung. Nur sah es eigenartig aus, wenn wir uns auf Kommando umdrehten. So blieb es nun, bis Martin krank wurde. Sein Arm versagte den Dienst, und seine Füße schwollen an. Er sollte ins Revier. „Natürlich wird er seine Decke mitnehmen", ging es mir durch den Kopf. Aber er hatte wohl schon lange darüber nachgedacht, denn er sagte ganz ruhig: „So, jetzt werden wir die Decke teilen, die Hälfte reicht für jeden." Ein wenig wollte ich ihm wehren, die schöne Decke tat mir leid, aber er ließ sich nicht beirren. „Du kannst doch jetzt, wenn es kalt wird, nicht ohne Decke sein", sagte er, „und dann, wer weiß, wie lange ich sie noch brauche." Jetzt kniete er sich auf die Pritsche, faltete die Decke genau in der Mitte zusammen, kramte aus seinem Brotbeutel die alte Rasierklinge hervor und fing an, die Decke zu zerschneiden. Aber sein Arm schmerzte ihn, und so zerteilte ich denn langsam und bedächtig das kostbare Stück in zwei Teile. Der Gedanke, daß er sie für Brot oder Tabak hätte verkaufen können, war ihm nicht gekommen, und meine Bedenken, daß ich ihm nichts dafür bieten könne, fegte er mit der Hand hinweg. „Halt keine Reden", sagte er, warf mir die eine Hälfte zu, rollte seinen Teil zusammen, nahm Brotbeutel und Eßgeschirr, hatte keinen Blick für meine Rührung, kein Ohr für meinen Dank und trottete zum Revier.

Ich begleitete ihn ein Stück, und wir sprachen wie immer von der Heimat und von der Genesung. Und wirklich, so schwer er auch krank war und so nahe dem Tod, zur rechten Zeit ging es ihm besser, und er kam bald mit einem Transport in die Heimat.

Seine Decke aber war mir wie ein Vermächtnis, sie wärmte mich in vielen Nächten, und wenn sie mir nicht bei einer Entlausung vertauscht worden wäre, hätte ich sie wohl gehabt bis zum Schluß. Als ich dann nach Hause kam, habe ich ihn getroffen, und wir haben uns umarmt, doch von der Decke war keine Rede. Immer aber, wenn ich ein Bild vom heiligen Martin sehe, muß ich an ihn denken.

St. Martinus, der fromme Reitersmann   PETER ROSEGGER

Der heilige Martinus ist einmal an einem späten Abend über die Heide geritten. Steinhart ist der Boden gefroren, und das klingt ordentlich, so oft das Roß seinen Fuß in die Erde setzt. Die Schneeflöcklein tänzeln umher, kein einziges vergeht. Schon will die Nacht anbrechen, und das Roß trabt über die Heide, und der Reitersmann zieht seinen weiten Mantel zusammen, so eng es hat gehen mögen.

Und wie er hinfährt, da sieht er auf einmal ein Bettelmännlein an einem Stein; das hat nur ein zerrissenes Jöpplein an und zittert vor Kälte und hebt sein betrübtes Auge auf zum hohen Roß.

Hu! Und wie das der Reiter sieht, hält er sein Tier an und ruft zum Bettler nieder: „Ja, du lieber, armer Mann, was soll ich dir reichen? Gold und Silber hab' ich nicht, und mein Schwert kannst nimmer brauchen. Wie soll ich dir helfen?" Da senkt der Bettelmann sein weißes Haupt nieder gegen die halbentblößte Brust und tut einen Seufzer.

Der Reiter aber zieht sein Schwert, nimmt seinen Mantel von den Schultern und schneidet ihn mitten auseinander. Den einen Teil läßt er hinabfallen zu dem armen, zitternden Greise: „Hab' vorlieb damit, mein notleidender Bruder!" Den andern Teil des Mantels schlingt er, so gut es geht, um seinen eigenen Leib und reitet davon.

Wie der Reitersmann nachher in der Nacht daheim auf seinem harten Polster ruhsam schläft, kommt derselbe Bettler von der Heide zu seinem Bett, zeigt ihm lächelnd den Mantelteil, zeigt ihm die Nägelwunden an den Händen und zeigt ihm sein Angesicht, das nicht mehr alt und kummervoll ist, sondern strahlt wie die Sonne. Der Bettelmann auf der Heide ist der liebe Gott selber gewesen.

Sankt Christophorus   Volkstümlich

Christophorus war ein Riese, zwölf Ellen lang und gefährlich von Angesicht. Ein Einsiedler bekehrte ihn zum Christenglauben. Und der Einsiedler sprach zu Christophorus: „Der König, dem du dienen möchtest, will, daß du oft fastest." Christophorus sprach: „Erheische von mir einen andern Dienst, denn das mag ich nicht tun." Da sprach der Einsiedler: „Es ist ihm lieb, wenn du viel betest." Christophorus antwortete: „Ich weiß nicht, was das ist. Den Dienst mag ich auch nicht tun." Der Einsiedler sprach: „Weißt du den reißenden Fluß, darin so viele Menschen ihr Leben verlieren, wenn sie in Ängsten hindurchgehen? Siehe, du bist groß und stark, setze dich an das Wasser und trage die Leute hinüber, so wirst du dem König, dem du dienen willst, einen sehr angenehmen Dienst tun, und ich hoffe, daß er sich dir offenbaren wird." Christophorus antwortete: „Das mag ich wohl tun, und ich gelobe, daß ich um seinetwillen mich in diesen Dienst begeben will."

Also ging er zu dem Wasser und baute sich daselbst eine Hütte. Er nahm einen Baumstamm in die Hand, das war sein Stab, und stützte sich auf ihn in dem Wasser und trug alle hinüber, die seiner Hilfe begehrten. Als er das lange Zeit getan hatte, hörte er einst, da er in der Hütte lag und rastete, die Stimme eines Kindes, die also rief: „Christophorus, komm heraus und setze mich über!" Er stand auf, ging hinaus und sah niemanden. Da er wieder in seiner Hütte war, hörte er die Stimme abermals rufen wie zuvor. Er lief wieder hinaus, aber er konnte niemanden finden. Danach hörte er die Stimme des Kindes zum dritten Male. Da er hinausging, fand er ein Kindlein am Ufer sitzen, das bat ihn, es doch hinüberzutragen. Christophorus hob es auf seine Schultern, nahm den Stab in die Hand und ging in den Fluß. Aber das Wasser begann von allen Seiten zu wachsen und wuchs immer mehr, und das Kind war so schwer wie Blei. Und es begann mehr und mehr auf seine Schultern zu drücken mit seiner schweren Last, so daß er in große Ängste kam und fürchtete, ertrinken zu müssen. Als er dennoch durch das Wasser gekommen war, setzte er das Kind zur Erde nieder und sprach: „Kind, du hast mich in große Gefahr gebracht und bist auf meinen Schultern so schwer gewesen, als hätte ich die ganze Welt auf meinen Schultern gehabt. Ich habe nie so große Last getragen." Da antwortete ihm das Kind: „Christophorus, verwundere dich nicht, du hast nicht allein die ganze Welt auf deinen Schultern getragen, sondern auch den, der die Welt erschaffen hat. Ich bin Christus, dein König, dem du in deinem Werke dienst. Und damit du siehst, daß ich die Wahrheit sage, so nimm deinen Stab, stecke ihn neben deiner Hütte in die Erde, und du sollst sehen, morgen wird er Blüten und Früchte tragen." Alsbald verschwand das Kindlein. Da Christophorus über das Wasser zurückgegangen war, steckte er seinen Stab in die Erde, und als er morgens aufstand, trug der Stab Blätter und Früchte wie ein Palmenbaum.

Die Macht der Güte   FRIEDRICH WILHELM FOERSTER

Vor alten Zeiten gab es einmal einen mächtigen König; der zog aus mit Heeresmacht in fremde Länder, brannte Dörfer und Städte nieder und schleppte die Einwohner in Gefangenschaft. Seine Taten ließ er in Felsen einmeißeln, und als er sein Ende herannahen fühlte, da ließ er aus gewaltigen Steinen einen Grabespalast errichten und bestimmte, seinen Leichnam in köstliche Salbe zu legen, damit der Tod ihm nichts anhaben könne. Aber sein Name ist nicht lebendig unter uns, unser Gesicht leuchtet nicht und unsere Herzen klopfen nicht, wenn wir von ihm hören. Und kommen wird der Tag, wo Sturm und Regen den letzten Stein seines Denkmals zerstört haben werden und wo der Sand der Wüste weht über seine Spur, als ob er nie gelebt hätte.

Vor alten Zeiten lebte aber auch ein König; der hatte keine Soldaten und vergoß kein Blut und brannte keine Häuser nieder. Er grub seinen Namen nicht in die Felsen, sondern in die Herzen der Menschen. Er reichte den Sündern die Hand, er strich den Kranken milde über die heiße Stirn, er leuchtete mit dem Lichte des Erbarmens in die Not der Armen und verharrte bis ans Kreuz in Verzeihung und Geduld. Die ihn am härtesten verfolgten, denen schenkte er sein tiefstes Mitleid und sehnte sich danach, sie durch sein Beispiel von ihrer Wildheit zu erlösen. Er baute sich kein Grabeshaus wie die alten Könige — und doch seht ihr überall in den großen

Städten wie im kleinsten Dorfe ein Haus, seinem Andenken geweiht, in den Himmel ragen, ja selbst hoch über den menschlichen Wohnungen, nahe dem ewigen Schnee, läutet die Kapelle zur Erinnerung an sein Liebeswerk.

Seht! Die Macht der Güte ist größer und ewiger als aller Kriegslärm dieser Welt. Sie lockt den Irrenden wie das Licht des Vaterhauses im dunklen Wald. Fürchtet niemals, daß Güte und Herzlichkeit verschwendet seien. Jedes milde Wort und jede große Liebe ist unsterblich, siegt über Hohn und Spott und wird stille gefeiert in verlassenen Herzen.

Marienfäden WILHELM RAABE

Als die Jungfrau Maria sterben wollte, so senkte sich eine rötliche, goldige Wolke vom Himmel herab; die umhüllte die Mutter Christi und hob sie leise von dem Erdboden auf. Da stand die heilige Jungfrau plötzlich lebendig und wieder jugendlich schön auf der Wolke, in ihrem blauen Gewande, mit ihrem weißen Mantel, und langsam ward sie emporgetragen, dem Reiche Gottes zu. Sie faltete die Hände auf der Brust und betete, und ihr Herz war voll Wonne. Unter ihr verschwand die grüne Erde, wo sie so viel Schmerz erduldet hatte; über ihr glänzte es schon in viel hellerem Glanz, als Sonne, Mond und alle Gestirne geben können. Das war die Herrlichkeit des Kindes, welches sie geboren hatte. Höher und höher schwebte die Wolke; aber häßliche Geister lauerten an den Grenzen von Himmel und Erde; die waren plötzlich da und hängten sich an die heilige Wolke und zerrten und zogen daran, um sie zurückzuhalten in der Vergänglichkeit. Die Jungfrau stand ruhig, selig da; denn keiner der bösen Geister wagte es, sie selber zu berühren; nur das äußerste Zipfelchen ihres weißen Mantels streifte einer mit seinem schwarzen Flügel. Da sank der Mantel sofort von ihren Schultern und flatterte weit hinaus in die blaue Luft, und die häßlichen Geister jubelten und wollten ihn höhnend davontragen und ihren Spott damit treiben. Aber die Winde, die Boten Gottes, kamen und litten es nicht; sie entrissen den heiligen, weißen Mantel den bösen Gewalten und führten ihn selber davon, hoch, hoch in die Lüfte. Da zerteilten sie ihn unter sich in unendlich viele und feine Fädchen, und wenn es nun Frühling wird auf der Erde, oder im Herbst, dann schweben diese Fädchen hernieder, flattern hin und her und glitzern auf den Feldern im Sonnenschein, und die Menschen nennen sie Marienfädchen.

Der Ring der Zwergenkönigin
WILHELM SCHÄFER

In Nievern unter Ems schlief eine Frau von Marioth am ersten Mai mit ihren Kindern allein zu Hause, weil ihr Gemahl nach Lüttich in Geschäften war. Da wurde sie zu Mitternacht durch eine Helligkeit geweckt, die wie ein nächtlicher Regenbogen das Zimmer mit bunten Strahlen füllte. Als sie zuerst erstaunt die Augenlider und dann erschrocken sich selber in die Höhe hob, stand vor dem Bett nicht größer als ein Kind ein greisenhaftes Mütterchen mit einer silbernen Laterne und geschliffenen Kristallen darin. Das bat sie flehentlich, da sie oft mildtätig zu Kranken gegangen wäre, jetzt auch mit ihm zu kommen, weil seine Königin sehr krank geworden sei.

Nun war die Nacht zwar dunkel, doch weil die Frau beherzt und guter Seele war, zog sie sich eilig an und segnete die schlafenden Kinder, der seltsamen Zwergin in ihr Reich zu folgen. Die führte sie flußaufwärts bis an eine Treppe, die scheinbar zu der Lahn hinunterstieg, jedoch nach wenigen Stufen von Gewölben überdeckt in einen schrägen Gang auslief, darin es von der Decke tropfte, wie wenn er unterm Fluß herginge.

Dann kam ein kleines Tor, von einem Zwerg bewacht, der beide Flügel in eine Halle öffnete, von der gleich einem Fächer nach allen Seiten hellerleuchtete Gänge ausstrahlten. Der mittlere war breiter als die anderen und führte an eine Perlmuttertür, die auf ein leises Klopfen geöffnet wurde. Daraus kam eine Dame, wie das Mütterchen klein an Wuchs, doch kostbar in der Kleidung; die nahm sie eilig bei der Hand, indes die andere mit der Laterne draußen bleiben mußte, und führte sie durch prunkende Gemächer in eine nicht sehr große, doch von Kristallen glitzernde Halle, wo auf dem kleinen Bett von Seide die junge Zwergenkönigin in ihren Schmerzen lag, umgeben von den Frauen, die hilflos bei ihr standen.

Die Frau von Marioth war geübt in allen Dingen der Krankenpflege und wußte auch hier so klug zu helfen, daß schon nach einer Stunde die Zwergenkönigin — zwar blaß und ohne Kraft sich zu bewegen — doch ihrer Schmerzen wohl entbunden dalag. Obwohl sie kaum zu sprechen vermochte, gab sie der tapferen Helferin einen Ring; sie möge sich damit Johannisabends beim Untergang der Sonne am Fuß des Silberberges einfinden und von der Lahn aus den Pfad ansteigen, bis wo sie einen Habicht und einen Raben im Streit um eine Taube fände. Sie solle sich die Stelle merken und auch den Ring bewahren; solange er in der Familie bliebe, ginge das Glück nicht wieder fort.

Sie wurde darauf von derselben Dame hinausgeleitet in die Halle; da wartete das Mütterchen und führte sie auf dem gleichen Wege hinauf durch das Gewölbe und bei der Lahn ins Freie, wo sie die frische Luft in vollen

Zügen atmete. Todmüde kam sie danach in ihr Haus, fand alle Kinder wohl und schlief bis in den hellen Tag. Dann glaubte sie aus Träumen aufzuwachen; doch saß der goldene Ring an ihrem Finger und war geschuppt wie Schlangenhaut, drei Streifen nebeneinander.

Den zeigte sie auch ihrem Mann, als der nach sieben Tagen von der Reise kam und alles für einen Fiebertraum erklären wollte. Die seltene Arbeit machte, daß er mit ihr am Johannisabend, zwar scherzend, doch erwartungsvoll zum Silberberg hinausging; und als sie an einer Lichtung im Gebüsch die Taube wirklich fanden, darum ein Habicht und ein Rabe sich stritten, steckte er seinen Stock tief in die Erde; kam auch am anderen Morgen mit einem Hauer wieder und hieß ihn da einen Stollen graben, der schon am dritten Tage auf dünne Adern, danach auf solche Mengen Silbererz stieß, daß die Marioths in wenigen Jahren mit Reichtum überschüttet waren.

Und weil die Frau den Ring niemals vom Finger ließ, blieb auch das Bergglück treu, bis sie nach vierzig Jahren mit ihrem Mann gesegnet starb. Da hätte die Tochter dem ältesten Bruder gern den Ring gelassen, doch war der Jüngste nicht zum Verzicht gewillt. So ließen sie bei einem Goldschmied in Koblenz die Streifen in drei Ringe auseinanderteilen. Von der Zeit an blieben die Erzgänge taub, so viel sie danach gruben, kein Silber mehr war zu finden. Und als der Jüngste dann eigensinnig blieb, gab er in wenigen Jahren sein ganzes Erbteil dran, den Berg aufs neue zu durchgraben, so daß er seines Reichtums ledig und verdrossen starb.

Das Leben am seidenen Faden   PAUL ZAUNERT

Zwei Bauernmädchen gruben einmal in ihrem Garten, als die ältere plötzlich eine dicke, unförmige Kröte herausschaufelte; vor der entsetzte sie sich so, daß sie ihr sogleich mit ihrem Spaten den Kopf abstoßen wollte; die andere aber hielt sie zurück und sagte: „Laß doch das arme Tier leben, das hat unser Herrgott auch geschaffen, und der ihm das Leben verliehen hat, soll es ihm auch allein wieder nehmen." Die ältere war ein gottloses Ding und verlachte sie; aber die andere ließ nicht nach mit Zureden und Bitten, bis ihre Schwester endlich nachgab und das Tier leben ließ.

Eines Tages, nicht lange danach, waren die Mädchen beim Aufwaschen in der Küche, da stand auf einmal ein kleines Männchen bei ihnen, das trug einen braunen Rock mit großen Talerknöpfen und einen Hut mit einer breiten Krempe; es verneigte sich freundlich und gab ihnen einen Gevatterbrief, in welchem sie zur Kindtaufe bei den Unterirdischen eingeladen wurden; zugleich sagte es ihnen, hier unter dem Feuerherde sei eine Öffnung, die würde sich am nächsten Sonntag auftun, da sollten sie nur hinuntersteigen; und als es das gesagt hatte, war es verschwunden. Nun wußten die beiden Mädchen nicht, sollten sie gehen oder bleiben, und gingen darum zum Pfarrer, um sich von dem Rat zu erbitten. Dieser fand durchaus nichts dabei, ermahnte sie im Gegenteil, einen solchen Liebesdienst niemandem zu verweigern. So kam der Sonntag heran, und als es zwölf schlug, öffnete sich eine Tür unter dem Feuerherd, die beiden Mädchen traten in ihrem Sonntagsputz mit schönen weißen Schürzen hinein und wurden sogleich von zwei braunen Männchen empfangen, mit denen sie eine prächtige, breite Treppe hinabstiegen. Endlich gelangten sie in einen großen, hell erleuchteten Saal, in dem die Unterirdischen bereits alle versammelt waren. Und als sie alle begrüßt hatten, trat der Pfarrer hervor und vollzog an dem neugeborenen Kinde, das kaum eine Hand groß war, die Taufe. Darauf ging man zum Mahle, und alle nahmen an der reich besetzten Tafel Platz; die beiden Mädchen mußten sich neben die junge Mutter setzen, und da ließen sie sich's denn auch recht gut schmecken. Als sie eine Weile so gegessen hatten, schlug die ältere von ungefähr die Augen auf und bekam einen großen Schrecken, als sie gerade über ihrem Kopfe einen Mühlstein an einem seidenen Faden hängen sah. Da sprang sie auf und wollte weglaufen, die Zwergenfrau aber hieß sie wieder niedersitzen und sagte: „Fürchte dich nicht, dir soll kein Leid geschehen! Sieh, als du mich neulich im Garten mit dem Spaten töten wolltest, da hing mein Leben an einem seidenen Faden, und so hängt auch das deine jetzt daran; aber da du mir das Leben gelassen hast, so soll dir jetzt ein gleiches geschehen, und der Mühlstein soll dich nicht töten!" So beruhigte sie das Mädchen, und sie aßen und tranken fröhlich weiter, und eine Schüssel nach der andern kam auf den Tisch.

Als nun das Mahl zu Ende war und die beiden Mädchen von den Unterirdischen Abschied nahmen, dankten ihnen die Zwergenfrau und ihr Mann für die Liebe, die sie ihnen erwiesen hätten, und die Frau gab noch jedem ein paar Hände voll Hobelspäne und sagte, sie sollten sie sorgsam bewahren. Darauf gingen sie, und die beiden braunen Männchen brachten sie dieselbe prächtige Treppe wieder hinauf, auf der sie hinabgestiegen waren. Als sie aber oben in der Küche waren, warf die ältere sogleich die empfangenen Hobelspäne ins Feuer, indem sie sagte: „Wenn mir die Unterirdischen kein besseres Andenken von ihrer Kindtaufe geben wollten, so hätten sie's nur gleich behalten sollen!" Unten hatte sie's aber nicht sagen mögen, weil sie sich noch immer vor dem Mühlstein gefürchtet hätte. Die andere erwiderte: „Sie haben uns doch gesagt, wir sollen sie bewahren; wer weiß, wozu es gut ist" — ging zu ihrer Lade und schüttete dort die Hobelspäne aus. Als beide darauf ihren Kindtaufputz ablegten, fiel auf einmal der älteren etwas klingend zur Erde; sie sah zu und fand ein blankes Goldstück. „Das sind die Hobelspäne", sagte die jüngere, ging schnell zu ihrer Lade und fand einen großen Schatz; da war sie auf einmal aus einer armen Magd ein reiches Mädchen geworden und hat gefreit und ihr Leben lang keine Not gehabt; die ältere aber hat es nie zu etwas Rechtem bringen können und mußte von dem leben, was ihre Schwester ihr zukommen ließ.

Der Bergmönch im Harz

PAUL ZAUNERT

Zwei Bergleute arbeiteten immer gemeinsam. Einmal, als sie anfuhren und vor Ort kamen, sahen sie an ihrem Geleucht, daß sie nicht genug Öl zu einer Schicht auf den Lampen hatten. „Was fangen wir an?" sprachen sie miteinander. „Geht uns das Öl aus und müssen wir im Dunkeln zu Tag fahren, gibt es gewiß ein Unglück, denn der Schacht ist gefährlich. Fahren wir aber jetzt gleich aus, um Öl zu holen, straft uns der Steiger."
Als sie so besorgt dastanden, sahen sie ganz von fern in der Strecke ein Licht, das ihnen entgegenkam. Anfangs freuten sie sich; als es aber näher kam, wurde ihnen angst und bange; denn ein ungeheurer, riesengroßer Mann ging, ganz gebückt, in der Strecke herauf. Er hatte eine große Kappe auf dem Kopf und war auch sonst wie ein Mönch angetan, in der Hand aber trug er ein mächtiges Grubenlicht. Als er bis zu den beiden, die voller Furcht dastanden, herangekommen war, richtete er sich auf und sprach: „Ihr braucht keine Angst zu haben; ich tue euch nichts zuleide, ich will euch helfen", nahm ihr Geleucht und schüttete Öl von seiner Lampe darauf. Dann aber ergriff er ihr Gezäh und arbeitete ihnen in einer Stunde mehr, als sie selbst in einer Woche bei allem Fleiß geschafft hätten.
Nun sprach er: „Sagt's keinem Menschen, daß ihr mich gesehen habt", und schlug zuletzt mit der Faust links an die Seitenwand; sie tat sich auseinander, und die Bergleute sahen eine lange Strecke, die schimmerte ganz von Gold und Silber. Und weil der unerwartete Glanz ihre Augen blendete, so wendeten sie sich ab. Als sie aber wieder hinschauten, war alles verschwunden. Hätten sie ihre Beilhacke oder sonst etwas von ihrem Gezäh hineingeworfen, so wäre die Strecke offen geblieben und ihnen viel Reichtum und Ehre zugekommen; aber so war es vorbei, wie sie die Augen davon abgewendet hatten.
Doch blieb ihnen auf ihrem Geleucht das Öl des Berggeistes, und das nahm nicht ab und war darum immer noch ein großer Vorteil für sie. Aber nach

Jahren, als sie einmal mit ihren guten Freunden im Wirtshaus saßen, erzählten sie die ganze Geschichte. Am Montagmorgen, als sie anfuhren, war kein Öl mehr auf der Lampe, und sie mußten nun jedesmal wieder wie die andern frisch auffüllen.

WORTERKLÄRUNGEN: Geleucht = Licht. Steiger = Aufsichtsbeamter. Strecke = waagrechter Gang im Berg. Gezäh(e) = Werkzeug des Bergmanns.

Das steinerne Hockeweib   IRMGARD PRESTEL

Es war in grauer Vorzeit, als weit und breit noch Wasser war, wo jetzt grüne Ebene ist, als Fische schwammen, wo jetzt Rinder weiden. Da stand im Westfalenland eine windschiefe Hütte. Drin lebte eine arme Witwe, die hatte zwei Kinder, gesund, schön und wohlgeraten an Leib und Seele. Sie waren der Mutter Lust und Augenweid', ihr ein und alles auf der Welt. Sonst hatte sie nichts als Sorgen, mehr als ein Fischnetz Löcher hat.
Eines Tages saß die arme Frau in ihrer Hütte und trat emsig das Spinnrad. Da kam ihr Junge, der draußen am Schuppen gewerkelt hatte, zur Tür hereingestürzt und schrie: „Mutter, Mutter, das Wasser kommt!" Die Frau schaute zu Tode erschrocken hinaus, und wirklich, da kam sie, in breitem Schwall, in grauem, tückischem Gewoge, die Flut. Da erwacht die Frau aus der Starre des Schreckens.
Sie reißt ihr schlafendes Töchterlein aus dem Bettchen, nimmt den Jungen an die Hand und flüchtet der nächsten Höhe zu. Und wie sie merkt, daß die Flut ihnen schon auf den Fersen ist, nimmt sie beide Kinder auf den Rükken und läuft keuchend dahin. Aber das Wasser eilt ihr nach, umspült ihren Fuß, der Saum ihres Kleides schlägt schon klitschnaß um die Knöchel. Die Frau betet ein Stoßgebet ums andere. Sie läuft weiter. Es sticht sie in der Brust. Aber sie gönnt sich keinen Augenblick Rast. Auf den Hügel ist ihr starrer Blick gerichtet. Hundert Schritte mögen es noch sein. Sie keucht darauf zu. Aber schon steigt es eiskalt an ihren Beinen hinauf bis ans Knie. Bleischwer werden ihr die Glieder. Sie drängt vorwärts durchs flutende Wasser. Es spült ihr um die Hüften, steigt und steigt. Da schreit ihr Herz auf zu Gott um Rettung für die Kinder. Und es ist ein Schrei, so gewaltig in Verzweiflung und sorgender Liebe, daß er auffliegt und wie ein Hammer dröhnt an dem weiten, grauen, ruhenden Himmel. Und da erhört der Herr die arme Mutter. Es erstarrt und versteinert ihr Leib. Toter Fels wird, was soeben noch blutwarmes Leben war. Doch geborgen auf dem hohen Stein

warten die Kinder nun ab, bis sich die Wasser wieder verlaufen haben. Sie sind gerettet durch treue Mutterliebe, der kein Opfer zu groß ist.
Der Felsen aber wird heute noch „das hockende Weib" genannt.

Das brave Mütterchen KARL MÜLLENHOFF

Es war im Winter, und das Eis stand. Da beschlossen die Husumer, ein großes Fest zu feiern. Sie schlugen Zelte auf, und alt und jung, die ganze Stadt versammelte sich draußen. Die einen liefen Schlittschuh, die andern fuhren in Schlitten, in den Zelten erscholl Musik, und Tänzer und Tänzerinnen schwenkten sich herum, und die Alten saßen an den Tischen und tranken eins. So verging der ganze Tag, und der helle Mond ging auf; aber der Jubel schien nun erst recht anzufangen.

Nur ein altes Mütterchen war von den Leuten allein in der Stadt geblieben. Sie war krank und gebrechlich und konnte ihre Füße nicht mehr gebrauchen; aber da ihr Häuschen auf dem Deiche stand, konnte sie von ihrem Bett aufs Eis hinaussehen und die Freude sich betrachten. Als es nun gegen den Abend kam, da gewahrte sie, indem sie so auf die See hinaussah, im Westen ein kleines, weißes Wölkchen, das eben an der Kimmung aufstieg. Gleich befiel sie eine unendliche Angst; sie war in früheren Tagen mit ihrem Manne zur See gewesen und verstand sich wohl auf Wind und Wetter. Sie rechnete nach: In einer kleinen Stunde wird die Flut da sein, dann ein Sturm losbrechen, und alle sind verloren. Da rief und jammerte sie, so laut sie konnte; aber niemand war in ihrem Hause, und die Nachbarn waren alle auf dem Eis, niemand hörte sie. Immer größer ward unterdes die Wolke und allmählich immer schwärzer; noch einige Minuten und die Flut mußte da sein, der Sturm losbrechen.

Da rafft sie all ihr bißchen Kraft zusammen und kriecht auf Händen und Füßen aus dem Bett zum Ofen; glücklich findet sie noch einen Brand, schleudert ihn in das Stroh ihres Bettes und eilt, so schnell sie kann, hinaus, sich in Sicherheit zu bringen. Das Häuschen stand nun augenblicklich in hellen Flammen, und wie der Feuerschein vom Eise aus gesehen ward, stürzte alles in wilder Hast dem Strande zu. Schon sprang der Wind auf und fegte den Staub auf dem Eise vor ihnen her; der Himmel ward dunkel, das Eis fing an zu knarren und zu schwanken, der Wind wuchs zum Sturm, und als eben die letzten den Fuß aufs feste Land setzten, brach die Decke, und die Flut wogte an den Strand. So rettete die arme Frau die ganze Stadt und gab ihr Hab und Gut daran zu deren Heil und Rettung.

WORTERKLÄRUNG: Kimmung (friesisch) = Horizont.

Die drei Söhne
LEO TOLSTOJ

Drei Frauen wollten Wasser holen am Brunnen. Nicht weit davon saß ein Greis auf einer Bank und hörte zu, wie die Frauen ihre Söhne lobten.

„Mein Sohn", sagte die erste, „ist so geschickt, daß er alle hinter sich läßt ..."

„Mein Sohn", sagte die zweite, „singt so schön wie die Nachtigall! Es gibt keinen, der eine so schöne Stimme hat wie er."

„Und warum lobst du deinen Sohn nicht?" fragten sie die dritte, als diese schwieg.

„Ich habe nichts, wofür ich ihn loben könnte", entgegnete sie. „Mein Sohn ist ein ganz gewöhnlicher Knabe. Er hat etwas Besonderes weder an sich noch in sich ..."

Die drei Frauen füllten ihre Eimer und gingen heim. Der Greis ging langsam hinter ihnen her. Die Eimer waren schwer und die abgearbeiteten Hände schwach. Deshalb machten die Frauen eine Ruhepause, denn der Rücken tat ihnen weh.

Da kamen ihnen drei Knaben entgegen. Der erste stellte sich auf die Hände und schlug Rad um Rad — und die Frauen riefen: „Welch ein geschickter Junge!" Der zweite sang so herrlich wie die Nachtigall, und die Frauen lauschten andachtsvoll und mit Tränen in den Augen. Der dritte Knabe lief zu seiner Mutter, hob die Eimer und trug sie heim.

Da fragten die Frauen den Greis: „Was sagst du zu unsern Söhnen?"

„Wo sind eure Söhne?" fragte der Greis verwundert. „Ich sehe nur einen einzigen Sohn!"

Unverhofftes Wiedersehen
JOHANN PETER HEBEL

In Falun in Schweden küßte vor guten fünfzig Jahren und mehr ein junger Bergmann seine junge hübsche Braut und sagte zu ihr: „Auf Sankt Luciä wird unsere Liebe von des Priesters Hand gesegnet. Dann sind wir Mann und Weib und bauen uns ein eigenes Nestlein." — „Und Friede und Liebe soll darin wohnen", sagte die schöne Braut mit holdem Lächeln, „denn du bist mein Einziges und Alles, und ohne dich möchte ich lieber im Grab sein als an einem andern Ort." Als sie aber vor St. Luciä der Pfarrer zum zweitenmal in der Kirche ausgerufen hatte: So nun jemand Hindernisse wüßte anzuzeigen, warum diese Personen nicht möchten ehelich zusammenkommen, da meldete sich der Tod. Denn als der Jüngling den andern Morgen in seiner schwarzen Bergmannskleidung an ihrem Haus vorbeiging — der Bergmann hat sein Totenkleid immer an —, da klopfte er zwar noch einmal an ihrem Fenster und sagte ihr guten Morgen, aber keinen guten Abend mehr. Er kam nimmer aus dem Bergwerk zurück, und sie säumte vergeblich selbigen Morgen ein schwarzes Halstuch mit rotem Band für ihn zum Hochzeitstag; sondern als er nimmer kam, legte sie es weg und weinte um ihn und vergaß ihn nie.

Unterdessen wurde die Stadt Lissabon in Portugal durch ein Erdbeben zerstört, und der Siebenjährige Krieg ging vorüber, und Kaiser Franz Joseph der Erste starb, und der Jesuitenorden wurde aufgehoben, und Polen wurde geteilt, und die Kaiserin Maria Theresia starb, und der Struensee wurde hingerichtet; Amerika wurde frei, und die vereinigte französische und spanische Macht konnte Gibraltar nicht erobern. Die Türken schlossen den General Stein in der Veteraner Höhle in Ungarn ein, und der Kaiser Joseph starb auch. Der König Gustav von Schweden eroberte Russisch-Finnland, und die Französische Revolution und der lange Krieg fingen an, und der Kaiser Leopold der Zweite ging auch ins Grab. Napoleon eroberte Preußen, und die Engländer bombardierten Kopenhagen, und die Ackerleute säeten und schnitten. Der Müller mahlte, und die Schmiede hämmerten, und die Bergleute gruben nach den Metalladern in ihrer unterirdischen Werkstatt. Als aber die Bergleute in Falun im Jahre 1809 etwas vor oder nach Johannis zwischen zwei Schächten eine Öffnung durchgraben wollten, gute dreihundert Ellen tief unter dem Boden, gruben sie aus dem Schutt und Vitriolwasser den Leichnam eines Jünglings heraus, der ganz mit Eisenvitriol durchdrungen, sonst aber unverwest und unverändert war, also daß man seine Gesichtszüge und sein Alter noch völlig erkennen konnte, als wenn er erst vor einer Stunde gestorben oder ein wenig eingeschlafen wäre bei der Arbeit. Als man ihn aber zutag' ausgefördert hatte, Vater und Mutter, Gefreundete und Bekannte waren schon lange tot, kein Mensch wollte den schlafenden Jüngling kennen oder etwas von seinem Unglück wissen, bis die ehemalige Verlobte des Bergmannes kam, der eines Tages auf die Schicht gegangen war und nimmer zurückkehrte. Grau und zusammengeschrumpft kam sie an der Krücke an den Platz und erkannte ihren Bräutigam, und mehr mit freudigem Entzücken als mit Schmerz sank sie auf die geliebte Leiche nieder, und erst als sie sich von einer langen heftigen Bewegung des Gemüts erholt hatte, „es ist mein Verlobter", sagte sie endlich, „um den ich fünfzig Jahre getrauert hatte und den mich Gott noch einmal sehen läßt vor meinem Ende. Acht Tage vor der Hochzeit ist er auf die Grube gegangen und nimmer gekommen." Da wurden die Gemüter aller Umstehenden von Wehmut und Tränen ergriffen, als sie sahen die ehemalige Braut jetzt in der Gestalt des hingewelkten, kraftlosen Alters und den Bräutigam noch in seiner jugendlichen

Schöne, und wie in ihrer Brust nach fünfzig Jahren die Flamme der jugendlichen Liebe noch einmal erwachte; aber er öffnete den Mund nimmer zum
Lächeln oder die Augen zum Wiedererkennen; und wie sie ihn endlich
von den Bergleuten in ihr Stüblein tragen ließ, als die einzige, die ihm an-
gehöre und ein Recht an ihn habe, bis sein Grab gerüstet sei auf dem
Kirchhof. Den andern Tag, als das Grab gerüstet war auf dem Kirchhof
und ihn die Bergleute holten, schloß sie ein Kästlein auf, legte ihm das
schwarzseidene Halstuch mit den roten Streifen um und begleitete ihn
alsdann in ihrem Sonntagsgewand, als wenn es ihr Hochzeitstag und nicht
der Tag seiner Beerdigung wäre. Denn als man ihn auf dem Kirchhof ins
Grab legte, sagte sie: „Schlafe nun wohl, noch einen Tag oder zehn im
kühlen Hochzeitsbett und laß dir die Zeit nicht lang werden! Ich habe
nur noch ein wenig zu tun und komme bald, und bald wird's wieder Tag. –
Was die Erde einmal wiedergegeben hat, wird sie zum zweitenmal auch
nicht behalten", sagte sie, als sie fortging und noch einmal umschaute.

WORTERKLÄRUNGEN: Sankt Luciä = Fest am 13. Dezember. Vitriol = in Wasser
lösliches Salz aus Schwefel und Metall. Gefreundete = Verwandte.

Der Husar in Neiße
JOHANN PETER HEBEL

Als vor achtzehn Jahren die Preußen mit den Franzosen Krieg führten
und durch die Champagne zogen, dachten sie auch nicht daran, daß sich
das Blättlein wenden könnte und daß der Franzos noch im Jahre 1806 nach
Preußen kommen und den ungebetenen Besuch wettmachen werde. Denn
nicht jeder führte sich auf, wie es einem braven Soldaten in Feindesland
wohl ansteht. Unter andern drang damals ein brauner preußischer Husar,
der ein böser Mensch war, in das Haus eines friedlichen Mannes ein, nahm
ihm all sein bares Geld, soviel war, und viel Geldeswert, zuletzt auch noch
das schöne Bett mit nagelneuem Überzug und mißhandelte Mann und
Frau. Ein Knabe von acht Jahren bat ihn kniend, er möchte doch seinen
Eltern nur das Bett wiedergeben. Der Husar stößt ihn unbarmherzig von
sich. Die Tochter läuft ihm nach, hält ihn am Dolman fest und fleht um
Barmherzigkeit. Er nimmt sie und wirft sie in den Sodbrunnen, so im Hofe
steht, und rettet seinen Raub. Nach Jahr und Tag bekommt er seinen Abschied, setzt sich in der Stadt Neiße in Schlesien fest, denkt nimmer daran,
was er einmal verübt hat, und meint, es sei schon lange Gras darüber gewachsen. Allein, was geschieht im Jahre 1806? Die Franzosen rücken in Neiße
ein; ein junger Sergeant wird abends einquartiert bei einer braven Frau, die

ihm wohl aufwartet. Der Sergeant ist auch brav, führt sich ordentlich auf und scheint guter Dinge zu sein. Den anderen Morgen kommt der Sergeant nicht zum Frühstück. Die Frau denkt: Er wird noch schlafen, und stellt ihm den Kaffee ins Ofenrohr. Als er noch immer nicht kommen wollte, ging sie endlich in das Stüblein hinauf, machte leise die Türe auf und will sehen, ob ihm was fehlt.

Da saß der junge Mann wach und aufgerichtet im Bette, hatte die Hände ineinander gelegt und seufzte, als wenn ihm ein großes Unglück begegnet wäre oder als wenn er das Heimweh hätte oder so etwas, und sah nicht, daß jemand in der Stube ist. Die Frau aber ging leise auf ihn zu und fragte ihn: „Was ist Euch begegnet, Herr Sergeant, und warum seid Ihr so traurig?" Da sah sie der Mann mit einem Blick voll Tränen an und sagte, die Überzüge dieses Bettes, in dem er heute nacht geschlafen habe, haben vor achtzehn Jahren seinen Eltern in der Champagne angehört, die in der Plünderung alles verloren haben und zu armen Leuten geworden seien, und jetzt denke er an alles, und sein Herz sei voll von Tränen. Denn es war der Sohn des geplünderten Mannes in der Champagne und kannte die Überzüge noch, und die roten Namensbuchstaben, womit sie die Mutter gezeichnet hatte, waren ja auch noch daran. Da erschrak die gute Frau und sagte, daß sie dieses Bettzeug von einem braunen Husaren gekauft habe, der noch hier in Neiße lebe, und sie könne nichts dafür. Da stand der Franzose auf und ließ sich in das Haus des Husaren führen und kannte ihn wieder.

„Denkt Ihr noch daran", sagte er zu dem Husaren, „wie Ihr vor achtzehn Jahren einem unschuldigen Manne in der Champagne Hab und Gut und zuletzt noch das Bett aus dem Hause getragen habt, und habt keine Barmherzigkeit gehabt, als Euch ein achtjähriger Knabe um Schonung anflehte, und an meine Schwester?" Anfänglich wollte der alte Sünder sich entschuldigen, es gehe bekanntlich im Krieg nicht alles, wie es soll, und was der eine liegen lasse, hole doch ein anderer; und lieber nimmt man's selber. Als er aber merkte, daß der Sergeant der nämliche sei, dessen Eltern er geplündert und mißhandelt hatte, und als er ihn an seine Schwester erinnerte, versagte ihm vor Gewissensangst und Schrecken die Stimme, und er fiel vor dem Franzosen auf die zitternden Knie nieder und konnte nichts mehr herausbringen, als „Pardon!", dachte aber: „Es wird nicht viel helfen."

Der geneigte Leser denkt vielleicht auch: „Jetzt wird der Franzos den Husaren zusammenhauen", und freut sich schon darauf. Allein das könnte mit der Wahrheit nicht bestehen. Denn, wenn das Herz bewegt ist und vor Schmerz fast brechen will, mag der Mensch keine Rache nehmen. Da ist ihm die Rache zu klein und verächtlich, sondern er denkt: „Wir sind in Gottes Hand" und will nicht Böses mit Bösem vergelten. So dachte der Franzose auch und sagte: „Daß du mich mißhandelt hast, das verzeih ich dir. Daß du meine Eltern mißhandelt und zu armen Leuten gemacht hast, das werden dir meine Eltern verzeihen. Daß du meine Schwester in den Brunnen geworfen hast, und ist nimmer davongekommen, das verzeihe dir Gott." Mit diesen Worten ging er fort, ohne dem Husaren das geringste zuleide zu tun, und es ward ihm in seinem Herzen wieder wohl. Dem Husaren aber war es nachher zu Mute, als wenn er vor dem Jüngsten Gericht gestanden wäre und hätte keinen guten Bescheid bekommen. Denn er hatte von dieser Zeit an keine ruhige Stunde mehr und soll nach einem Vierteljahr gestorben sein.

Merke: Man muß in der Fremde nichts tun, worüber man sich daheim nicht darf finden lassen.

Merke: Es gibt Untaten, über welche kein Gras wächst.

Worterklärungen: Dolman = Schnürenjacke der Husaren. Sodbrunnen, Sod = offener Brunnen.

Die goldene Dose

CHRISTOPH VON SCHMID

Ein Oberst zeigte den Offizieren, die bei ihm speisten, bei Tische eine neue, sehr schöne goldene Dose. Nach einer Weile wollte er eine Prise Tabak nehmen, suchte in allen Taschen und sagte bestürzt: „Wo ist meine Dose? Sehen Sie doch einmal nach, meine Herrn, ob nicht etwa von Ihnen einer sie in Gedanken eingesteckt habe!" Alle standen sogleich auf und wendeten die Taschen um, ohne daß die Dose zum Vorschein kam. Nur der Fähnrich blieb in sichtbarer Verlegenheit sitzen und sagte: „Ich wende meine Taschen nicht um; mein Ehrenwort, daß ich die Dose nicht habe, sei genug!" Die Offiziere gingen kopfschüttelnd auseinander, und jeder hielt ihn für den Dieb.

Am andern Morgen ließ ihn der Oberst rufen und sprach: „Die Dose hat sich wiedergefunden. Es war in meiner Tasche eine Naht aufgegangen, und da fiel sie zwischen dem Futter hinab. Nun sagen Sie mir aber, warum Sie Ihre Tasche nicht zeigen wollten, was doch alle Herren Offiziere getan haben."

Der Fähnrich sprach: „Ihnen allein, Herr Oberst, will ich es bekennen. Meine Eltern sind arm. Ich gebe Ihnen daher meinen halben Sold und esse mittags nichts Warmes. Als ich bei Ihnen eingeladen wurde, hatte ich mein

Mittagessen bereits in der Tasche, und da hätte ich mich schämen müssen, wenn beim Umwenden der Tasche ein Stück schwarzes Brot und eine Wurst herausgefallen wären!"

Der Oberst sagte gerührt: „Sie sind ein guter Sohn! Damit Sie Ihre Eltern desto leichter unterstützen können, sollen Sie nun täglich bei mir speisen." Er lud alle Offiziere zu einem festlichen Gastmahle ein und bezeugte vor ihnen allen die Unschuld des Fähnrichs und überreichte ihm zum Beweise seiner Hochachtung die goldene Dose als Geschenk.

Der Fisch
HERBERT KRANZ

Auf der Feier eines Kriegervereins am Walchensee wurde ein dort gefangener Fisch versteigert, der in einer kleinen Wanne mühsam schwamm, so daß jeder seinen Wert abschätzen und sich überlegen konnte, wieviel er dafür anlegen wollte. Als es dann soweit war, kletterte der Preis jeweils um fünfzig Pfennig höher und höher und schließlich so hoch, daß selbst die verwöhntesten Feinschmecker nicht mehr mithielten. Für 56 Mark wurde der Fisch einer Kriegerwitwe zugesprochen, die in zäher Geduld immer weitergeboten hatte.

Sie nahm die Wanne, ging damit an den Uferrand und kippte ihren Gewinn wieder in den Walchensee, in dem das Tier zu Hause war. „So ein Fisch", sagte sie, „lebt halt auch gern, wenn er's auch nicht sagen kann."

Der Pelzmantel
HERBERT KRANZ

Ein berühmter Arzt war Junggeselle geblieben und lebte mit seiner Mutter zusammen, die er abgöttisch liebte und sehr zärtlich behandelte. Er versuchte, ihre Gedanken zu erraten und alle ihre Wünsche zu erfüllen, was jedoch dadurch schwer war, daß die alte Dame anspruchslos war und so gut wie nie einen Wunsch äußerte.

In der Weihnachtszeit gingen Mutter und Sohn in der Stadt spazieren und blieben vor dem vornehm eingerichteten Schaufenster eines eleganten Pelzgeschäfts stehen, dessen Glanzstück ein Zobelmantel war, den die alte Dame entzückt betrachtete. Aber sie sagte auch sofort: „Das ist nur etwas für Millionäre! Der Pelz kostet gut und gern seine dreihundert Mark!" Sie rechnete noch mit den Werten, die in ihrer Jugend gegolten hatten.

Am selben Tage erschien der Professor allein in dem Pelzgeschäft, verlangte den Chef der Firma zu sprechen und vereinbarte mit ihm, daß seiner Mutter dieser Pelz für 300 Mark verkauft werden solle, wenn sie danach frage; die Preisdifferenz wolle der Professor dann der Firma nachträglich vergüten. Der Chef stimmte dem zu, erwähnte aber diskret, der Pelz koste neuntausend Mark, bedankte sich und belehrte sein Personal über die Abmachung.

Der Professor berichtete seiner Mutter am Abend, er sei in dem Pelzgeschäft gewesen, und sie habe wirklich den Preis aufs Haar getroffen. Er gab ihr drei Hundertmarkscheine und bat sie, in den Laden zu gehen, aber gleich morgen früh, damit das schöne Stück nicht weggeschnappt würde. Sie weigerte sich zuerst, darauf einzugehen — wozu für eine alte Frau einen so teuren Pelzmantel! Aber sie war doch auch wieder Evastochter genug, sich an dem herrlichen Stück zu erfreuen, und so war sie schließlich einverstanden.

Als der Professor am nächsten Tag aus der Klinik nach Haus kam, präsentierte sich seine Mutter ihm in dem Pelzmantel und gab ihm freudestrahlend 25 Mark zurück, die sie vom Preis abgehandelt hatte. „Mich kann man nicht betrügen", sagte sie stolz, „ich verstehe etwas von Pelzen!"

Frei von Menschenfurcht ALBERT SCHWEITZER

Einen tiefen Eindruck machte mir ein Erlebnis aus meinem siebenten oder achten Jahre. Heinrich Bräsch und ich hatten uns Schleudern aus Gummischnüren gemacht, mit denen man kleine Steine schleuderte. Es war im Frühjahr, in der Passionszeit. An einem Sonntagmorgen sagte er zu mir: „Komm, jetzt gehen wir in den Rehberg und schießen Vögel." Dieser Vorschlag war mir schrecklich, aber ich wagte nicht zu widersprechen, aus Angst, er könnte mich auslachen. So kamen wir in die Nähe eines kahlen Baumes, auf dem die Vögel, ohne sich vor uns zu fürchten, lieblich in den Morgen hinaus sangen. Sich wie ein jagender Indianer duckend, legte mein Begleiter einen Kiesel in das Leder seiner Schleuder und spannte sie. Seinem gebieterischen Blick gehorchend, tat ich unter furchtbaren Gewissensbissen dasselbe, mir fest gelobend, danebenzuschießen. In demselben Augenblick fingen die Kirchenglocken an, in den Sonnenschein und in den Gesang der Vögel hineinzuläuten. Es war das „Zeichenläuten", das dem Hauptläuten eine halbe Stunde voranging. Für mich war es eine Stimme aus dem Himmel. Ich tat die Schleuder weg, scheuchte die Vögel auf, daß sie wegflogen und vor der Schleuder meines Begleiters sicher waren, und floh nach Hause. Und immer wieder, wenn die Glocken der Passionszeit in Sonnenschein und kahle Bäume hinausklingen, denke ich ergriffen und dankbar daran, wie sie mir damals das Gebot „Du sollst nicht töten" ins Herz geläutet haben.

Von jenem Tage an habe ich gewagt, mich von der Menschenfurcht zu befreien. Wo meine innerste Überzeugung mit im Spiele war, gab ich jetzt auf die Meinung anderer weniger als vorher. Die Scheu vor dem Ausgelachtwerden durch die Kameraden suchte ich zu verlernen.

Ein zweifacher Sieg EMIL WEBER

Paris! Olympiade 1924!

Die Teilnehmer an dem berühmten 400-m-Lauf — von dem die „Times" später sagte, daß es vielleicht der dramatischste Wettlauf war, der je ausgetragen wurde — warten gespannt auf das Zeichen zum Start.

Da — los! —

Die Läufer stieben davon, jeder brennt nach Vorsprung und Sieg! Die Ungewißheit über den Ausgang dauert nicht lange. Bald liegt einer allen weit voraus.

Den Kopf hochgereckt, die Haare vom Luftzug zerzaust, den Blick fest nach vorn gerichtet, gleicht er einem Pfeil in vollem Flug, der sich im nächsten Augenblick in sein Ziel bohren wird.

Da verkünden die Lautsprecher: „Sieger: Erix Lydell in 47,6 Sekunden — Weltrekord!"

Sofort schickt der Telegraph den gestern noch unbekannten Namen des schottischen Theologiestudenten in alle Welt hinaus, jubelt die Jugend aller Völker ihm begeistert zu.

Diese Leistung war so glänzend, daß alle Welt mit einem leichten Sieg Lydells im 100-m-Lauf am nächsten Sonntag rechnete.

Aber welche Überraschung!

Der Student weigert sich entschieden, an diesem Tage zu starten.

Der zweite Triumph ist ihm sicher — aber er will auf keinen Fall an einem Wettkampf teilnehmen. Er hält den Tag heilig!

Zu seiner bestürzten Umgebung sagt er: „Meine Herren, heutzutage ist es gut, eine feste Überzeugung zu haben."

Am Sonntag steht Lydell auf der Kanzel der schottischen protestantischen Kirche in Paris. Junge Turner, Männer und Frauen aus angelsächsischen Ländern, sogar Pariser Journalisten füllten neugierig die Kirche.

Der junge Pfarrer spricht über Psalm 119, 18: „Öffne mir die Augen, daß ich sehe die Wunder an deinem Gesetz."

Auch hier — wie beim Wettlauf — von dem Wunsch erfüllt, sich all dessen zu entledigen, was ihn hindern könnte, sein Ziel zu erreichen. Ein Wort fester Überzeugung für die Herzen seiner Zuhörer. Im Jahre darauf ging der Weltrekordmann als Missionar nach China.

Die Chance HERBERT KRANZ

Ein Mann von 46 Jahren, arbeitslos, denn wer stellt schon einen Mann von 46 Jahren ein, sitzt auf der Bank in den Anlagen, nicht weit von einer Telefonzelle. Irgendwo muß er ja sitzen, damit der Tag hingeht. Ein Auto fährt heran, ein feiner Wagen, hält, ein Herr steigt aus mit einer Ledermappe unterm Arm, geht in die Zelle, telefoniert, kommt wieder heraus, aber ohne Mappe, geht rasch zu seinem Auto und fährt davon.
Der Mann geht in die Telefonzelle, sieht die Mappe, macht sie auf: Geld, Geld, Geld! Dreißigtausend Mark.
Wenn er die jetzt sofort auf der Polizei abgibt, wird der Herr mit dem feinen Wagen sich erkenntlich zeigen. An den Papieren, die noch in der Mappe sind, ist zu ersehen, daß er ein Fabrikant aus Hechingen ist. Der kann ihm sicher auch eine Stellung verschaffen, denn eine solche Ehrlichkeit ist doch die beste Empfehlung. Welch eine Chance für den Finder!
Aber er verpaßt seine Chance. Er behält das Geld für sich. Er bezahlt seine Schulden. Er kauft sich, was ihm so dringend fehlt. Achthundert Mark gehen drauf. Doch als er abends mit Bekannten zusammensitzt, kann er nicht schweigen. Sie sind entsetzt. Sie reden ihm zu, sich sofort zu stellen. Aber dazu hat er den Mut nicht mehr, nachdem er so viel Geld davon ausgegeben hat. Da rufen sie die Polizei an.
Nun also kommt es vor Gericht. Eine Strafe ist ihm wegen Fundunterschlagung sicher, wenn der Verlierer auch seine 29 200 Mark wiederbekommen hat. Dann ist der andere nicht nur ein Mann von 46 Jahren, sondern auch noch vorbestraft. Er wird nie wieder hochkommen. Er ist gezeichnet. Kein Mensch stellt ihn mehr ein.
Doch. Der Fabrikant aus Hechingen läßt ihm durch die Polizei sagen, er werde sich seiner annehmen. Er solle nicht wieder in Not geraten, trotz seinen 46 Jahren.
Der Herr mit dem feinen Wagen hat seine Chance nicht verpaßt.

4. VON MENSCHLICHEN FEHLERN

Das Motorrad
VICTOR AUBERTIN

Ein Herr in meinem Hause hat sich ein Motorrad gekauft, mit dem er täglich ins Büro fährt. Seitdem der Herr dieses Motorrad gekauft hat, spielt sich sein häusliches Leben in breitester Öffentlichkeit ab.

Morgens, wenn der Herr aufbricht, stehen wir Nachbarn an den Fenstern und auf den Balkonen und sehen dem Manöver zu. Der Herr kommt in einem ledernen Taucheranzug, setzt sich auf das Motorrad und dreht eine Schraube. Dann brüllt das Motorrad einmal kurz auf, rührt sich aber nicht. Der Herr dreht noch einmal, das Motorrad brüllt wieder, und das wiederholt sich sieben- bis achtmal.

Endlich setzt sich das Motorrad doch in Gang, wir alle brechen in jubelnde Zurufe aus, und der Herr verschwindet pfeilschnell, indem er sich, wie die homerischen Götter, in eine bläuliche Wolke hüllt.

Nur daß bei den homerischen Göttern die bläuliche Wolke natürlich anders gerochen hat.

Mittags kommt der Herr zurück, stellt das Rad auf den Hof und stürzt in seine Wohnung, um zu essen. Damit kann er sich aber nicht lange aufhalten, denn schon nach wenigen Minuten erscheint er wieder auf dem Hofe, angetan mit einem Arbeitsanzug. Er hockt sich hin und fängt nun an das Rad zu säubern, was vier oder fünf Stunden dauert. Manchmal ist er des Abends noch nicht fertig damit und muß eine Laterne anstecken.

„Was ist denn der Nutzen eines solchen Motorrades?" fragte ich ihn gestern von meinem Fenster aus.

„Zeitgewinn", antwortete er. „Mit der Straßenbahn brauche ich dreiviertel Stunden bis ins Büro, mit dem Motorrad zehn Minuten."

„Ja aber", rief ich höhnisch herunter, „dafür müssen Sie den ganzen Nachmittag das Rad säubern; wo bleibt denn da der Zeitgewinn?"

Er stand auf und wischte sich die Stirn ab. „Erstens", sagte er, „macht es mir Spaß, mein Rad zu säubern. Zweitens, was soll ich denn sonst mit dem ganzen Nachmittag anfangen?"

Ich schloß das Fenster und zog mich tief beschämt zurück.

Ein feiner Herr in der Eisenbahn MANFRED HAUSMANN

Vorsfelde ... Fallersleben ... Calberlah ...

In Isenbüttel–Gifhorn öffnet ein feiner Herr die Tür und steigt elastisch ein. Er trägt Kragen und Schlips, sein Haar ist gescheitelt, seine Nase spitz. Er schließt sofort alle Fenster auf der rechten Seite des Wagens und belehrt uns, daß sonst ein Durchzug entstünde, dessen Gefahr für Hals, Nase und Ohren eines jeden Menschen gar nicht abzuschätzen sei.

Auch muß man, so belehrt er uns weiter, auf die Ventilation an der Decke achten. Diese hier ist zum Exempel unbedingt zu schließen. Erlauben Sie, bitte! So! Noch eins: Wo befindet sich in diesem Abteil die Notbremse? Dort und dort, aha! Ich bin befriedigt.

Er breitet ein Taschentuch auf seinem Platz aus und setzt sich nieder. Dann betrachtet er nacheinander die Decke, die Wände, den Fußboden.

Sieh da, sagt er und hebt lächelnd etwas auf. Wer von den Herrschaften vermißt seinen Fahrtausweis?

Wir fassen in unsere Taschen, einer holt seinen Hut herunter, aber jedermann findet seine Karte.

Auf der Toilette weilt niemand? fragt der Herr.

Nein.

Sehr wohl, dann wollen wir das Dokument lieber vernichten, damit niemand in Versuchung kommt, es zu mißbräuchlichen Zwecken zu benutzen.

Er zerreißt die braune Pappe kreuz und quer und läßt sie zum Fenster hinauswehen.

Nicht lange danach schwingt sich der Schaffner von außen herein und bittet um die Fahrkarten, die er bereitwilligst von uns allen erhält. Nur der elastische Herr kann seine nicht auftreiben. Er hat sie wohl gerade in die weite Welt gestreut.

Der Kalif und der Bauer Orientalische Erzählung

Ein Kalif begegnete auf seinem Spaziergang einem Bauern, der eine riesige Melone trug. Unerkannt, bat er den Mann, ihm diese zu verkaufen. Der verneinte aber und gab an, daß er die Frucht seinem Kalifen bringen wolle.

Der Herrscher fragte den Bauern nach dem Preis, den er zu erzielen hoffe.

„Sicherlich zehn Taler", meinte der Mann.

„Und wenn er dir nur einen Taler gibt? Denn für diesen kann er die

Melone auf dem Markt kaufen", forschte der Kalif weiter.

„Dann war es mein Mißgeschick. Doch ist meine Melone die süßeste im ganzen Land!"

„Und was tust du, wenn der gnädige Fürst nur ‚Danke schön!' sagt?" wollte der Kalif noch wissen.

„Dann werfe ich ihm die Frucht vor die Füße!"

Der Kalif trennte sich von dem Bauern und ging schnell in seinen Palast zurück, wechselte die Kleidung und erwartete seinen Besucher.

Als dieser erschien und ihm die Melone anbot, zögerte er etwas mit seiner Zustimmung. Der Bauer pries seine süße Frucht, und endlich fragte der Herrscher nach ihrem Preis.

„Den überlasse ich deiner Gunst, gnädiger Gebieter", entgegnete der Mann.

Laut rechnete der Kalif:

„Zehn Taler sind ..."

„Der Preis ist gut", unterbrach ihn hastig der Bauer.

„... vielleicht zuviel, einer aber wäre zuwenig, den bekommt er auf dem Markt dafür."

Da der Fürst über das verdutzte Gesicht des Bauern lachen mußte, erkannte ihn dieser wieder und fügte schnell hinzu:

„O gnädiger Fürst, sage jetzt nur nicht ‚Danke schön'!"

Das Seepferdchen

ROBERT F. MAGER

Es war einmal ein Seepferdchen, das nahm eines Tages seine sieben Taler und galoppierte in die Ferne, um sein Glück zu suchen.

Es war noch gar nicht weit gekommen, da traf es einen Hering, der sagte zu ihm: „Psst. Hallo, Kumpel. Wo willst du hin?"

„Ich bin unterwegs, mein Glück zu suchen", antwortete das Seepferdchen stolz.

„Da hast du es ja gut getroffen", sagte der Hering, „für vier Taler kannst du diese Flosse haben, damit kannst du viel schneller vorwärts kommen."

„Ei, das ist ja prima", sagte das Seepferdchen, bezahlte, zog die Flosse an und glitt mit doppelter Geschwindigkeit davon. Bald kam es zu einem Schwamm, der sprach zu ihm: „Psst. Hallo, Kumpel. Wo willst du hin?"

„Ich bin unterwegs, mein Glück zu suchen", antwortete das Seepferdchen.

„Da hast du es ja gut getroffen", sagte der Schwamm, „für ein kleines

Trinkgeld überlasse ich dir dieses Boot hier mit Düsenantrieb; damit könntest du viel schneller reisen."

Da kaufte das Seepferdchen von seinem letzten Geld das Boot und sauste mit fünffacher Geschwindigkeit durch das Meer.

Bald traf es auf einen Haifisch, der sagte zu ihm: „Psst. Hallo, Kumpel. Wo willst du hin?"

„Ich bin unterwegs, mein Glück zu suchen", antwortete das Seepferdchen.

„Da hast du es ja gut getroffen. Wenn du diese kleine Abkürzung machen willst", sagte der Haifisch und zeigte auf seinen geöffneten Rachen, „sparst du eine Menge Zeit."

„Ei, vielen Dank", sagte das Seepferdchen, sauste in den Rachen des Haies und wurde von ihm verschlungen.

Die Moral dieser Geschichte: wenn man nicht genau weiß, wohin man will, landet man leicht da, wo man gar nicht hin wollte.

Der Pferdemax

OTTO POLEMANN

Max war nicht so stark wie die anderen Jungen in der Schule, und so kam es, daß er mit dem Fuße stieß, wenn es Streit zwischen ihnen gab. Manche hatten schon das Schienbein voll blauer und blutiger Flecke. Ja, einmal stieß Max sogar mit dem Fuß nach seiner Mutter.

Eigentlich schlagen ja nur Pferde mit den Beinen aus, und als es nun mit Max immer schlimmer wurde, da wachte er eines Morgens auf und hatte doch tatsächlich einen Pferdekopf auf seinem Hals — mit Nüstern, Maul und einer blonden Mähne. Er konnte nicht mehr auf zwei Beinen gehen, mußte vielmehr auf allen vieren laufen, und als er sprechen wollte, kam nur ein helles Wiehern aus seinem Maule.

Als nun der Pferdemax in die Schule kam, warf man ihn schleunigst hinaus, weil die Schule doch kein Pferdestall ist. Da stand er nun auf der Straße. Ein lahmer Gaul, der einen Milchwagen zog, wieherte dem Max zu, er solle kommen und ihm ziehen helfen. Unser Max hatte Mitleid mit dem alten Gaul, außerdem schämte er sich auch, mit seinem Pferdekopf wieder nach Hause zu gehen. Kurz entschlossen half er dem lahmen Pferd beim Ziehen.

So kam der Milchwagen schneller als sonst in die Molkerei zurück, wo der Kutscher den beiden Tieren zufrieden den Hals klopfte und ihnen das lederne Zaumzeug abnehmen wollte. Doch plötzlich hatte er Maxens ganzen Pferdekopf in der Hand. Leibhaftig stand da ein Junge auf zwei Beinen vor ihm. Der Kutscher war zu Tode erschrocken, gab dem Knaben rasch ein

Geldstück, damit er heimfahren konnte — und Max hat sein Leben lang nie wieder mit dem Fuß gestoßen.

Der Nagel

BRÜDER GRIMM

Ein Kaufmann hatte auf der Messe gute Geschäfte gemacht, alle Waren verkauft und seine Geldkatze mit Gold und Silber gespickt. Er wollte jetzt heimreisen und vor Einbruch der Nacht zu Haus sein. Er packte also den Mantelsack mit dem Gold auf sein Pferd und ritt fort. Zu Mittag rastete er in einer Stadt; als er weiter wollte, führte ihm der Hausknecht das Roß vor, sprach aber: „Herr, am linken Hinterfuß fehlt im Hufeisen ein Nagel." „Laß ihn fehlen", erwiderte der Kaufmann, „die sechs Stunden, die ich noch zu machen habe, wird das Eisen wohl festhalten. Ich habe Eile." Nachmittags, als er wieder abgestiegen war und dem Roß Brot geben ließ, kam der Knecht in die Stube und sagte: „Herr, Euerm Pferd fehlt am linken Hinterfuß ein Hufeisen. Soll ich's zum Schmied führen?" „Laß es fehlen", erwiderte der Herr, „die paar Stunden, die noch übrig sind, wird das Pferd wohl aushalten. Ich habe Eile." Er ritt fort. Aber nicht lange, so fing das Pferd zu hinken an; es hinkte nicht lange, so fing es an zu stolpern, und es stolperte nicht lange, so fiel es nieder und brach ein Bein. Der Kaufmann mußte das Pferd liegen lassen, den Mantelsack abschnallen, auf die Schulter nehmen und zu Fuß nach Haus gehen, wo er erst spät in der Nacht anlangte. „An allem Unglück", sprach er zu sich selbst, „ist der verwünschte Nagel schuld." Eile mit Weile.

Der Wolf

JÖRG ERB

Von allem Anfang an litt der Wolf großen Hunger und wußte sich nicht zu sättigen, ohne daß er anderen Geschöpfen ans Leben ging. In seiner Not kam er zu unserm Herrn und sprach zu ihm: „Herr, du hast mir den großen Hunger in meine Eingeweide gelegt, nun gib mir auch Futter, daß ich ihn stillen kann." Der liebe Herrgott sprach: „Was möchtest du gerne fressen?" Der Wolf entgegnete: „Darf ich würgen, was Wolle und Hufe trägt?" „O nein", sprach der Herr, „das ist mein frömmstes Tier, davon nähren und kleiden sich die Menschen." „Und wovon soll ich denn leben?" knurrte der Wolf. Da sprach unser Herr: „Von jedem Bauernhaus, darin man Brot backt, sollst du einen Laib erhalten, sooft du den Duft frischgebackenen Brotes wahrnimmst; aber du mußt mir versprechen, daß du den Menschen keinen Schaden zufügst." Der Wolf war's zufrieden und ging seines Weges, verkehrte friedlich wie ein guter Hund in den Bauernhöfen und tat keinem Lämmlein ein Leid. Aber da war eine geizige Bäuerin; der war es leid um den schönen Brotlaib, den sie dem Wolf geben sollte. Und als er an einem Backtag wieder einmal kam, warf sie ihm einen heißen Stein hin, an dem er seine Schnauze so sehr verbrannte, daß sein Rachen schwarz geblieben ist bis auf den heutigen Tag. Der Wolf aber ging zu unserm Herrgott und klagte ihm den schnöden Betrug; und der Herr sprach: „Ich will dir zu deinem Recht verhelfen und den Geiz der Menschen strafen. Nun bist du aller Verpflichtung frei und ledig; brich ein, wo Rauch aufsteigt, und würge, was du findest!" Seit dieser Zeit ist der Wolf ein Räuber und Würger, und die Menschen verfolgen ihn bis aufs Blut; doch ist der Wolf nur deswegen so gefährlich, weil jene Bäuerin zu geizig war, und die Feindschaft zwischen Mensch und Wolf hat der Mensch verschuldet.

Das Testament JEREMIAS GOTTHELF

Schon manchen haben einige bei dem Tode eines Menschen wohl angewandte Minuten wohlhabend gemacht. Die Erben sind oft nicht gleich bei der Hand, und wer sich nicht fürchtet, aus dem noch nicht erkalteten Hosensack die Schlüssel zu nehmen, kann bis zu ihrer Ankunft viel auf die Seite schaffen. Fatal ist's, wenn der Verstorbene so plötzlich von hinnen gerufen wird, daß er für die, welche zunächst um ihn sind, nicht testamentlich sorgen konnte, und das geschieht oft; denn solche Leute testieren nicht gerne, sie hoffen noch der Tage viele.

Aber auch da wußten sich einmal schlaue Leute wohl zu helfen: Sie schleppten den Gestorbenen in eine alte Rumpelkammer, und in das noch nicht erkaltete Bett legten sie einen vertrauten Knecht, setzten ihm die Nachtkappe des Verstorbenen auf und liefen nach Schreiber und Zeugen.

Schreiber und Zeugen setzten sich an den Tisch am Fenster, rüsteten das Schreibzeug und probierten, ob guter Wein in den weißen Kannen sei. Unterdessen ächzet und stöhnet es im dunkeln Hintergrunde hinter dem dicken Vorhang, und eine schwache Stimme frägt, ob der Schreiber nicht bald fertig sei — es gehe nicht mehr lange mit ihm. Der Schreiber nimmt hastig das Glas vom Mund und dagegen die Feder und läßt diese flüchtig übers Papier gleiten, aber immer halblinks schauend, wo das Glas steht.

Da diktiert leise und hustend die Stimme hinter dem Umhange das Testament, und der Schreiber schreibt, und freudig hören die Anwesenden, wie sie Erben würden von vielem Gut und Geld. Aber blasser Schrecken fährt über ihre Gesichter, und faustdicke Flüche quellen ihnen im Halse, als die

Stimme spricht: „Meinem getreuen Knecht aber, der mir so viele Jahre treu gedient hat, vermache ich 8000 Pfund." Der Schalk im Bette hatte sich selbst nicht vergessen und bestimmte sich selbst seinen Lohn für die gut gespielte Rolle.

Er war aber noch bescheiden, er hätte sich gut zum Haupterben machen können, und was hätten die andern sagen wollen?

WORTERKLÄRUNG. testieren = beurkunden, ein Testament errichten.

Der Bauer und der Wassermann   LEO TOLSTOJ

Einem Bauern fiel sein Beil in den Fluß. Er setzte sich traurig ans Ufer und weinte.

Das hörte der Wassermann. Der Bauer tat ihm leid, und so brachte er aus dem Fluß ein goldenes Beil. „Dein Beil?" fragte er. Der Bauer sagte: „Nein, nicht meins."

Da zeigte ihm der Wassermann ein anderes Beil, ein silbernes. Doch der Bauer sagte: „Das ist nicht mein Beil."

Jetzt hielt der Wassermann das richtige Beil über das Wasser. Da sagte der Bauer: „Das ist mein Beil!" Der Wassermann aber schenkte ihm alle drei.

Zu Hause zeigte der Bauer die drei Beile seinen Freunden und erzählte, wie er sie bekommen hatte.

Da kam ein anderer Bauer auf den Gedanken, es genau so zu machen. Er ging an den Fluß, warf absichtlich sein Beil ins Wasser, setzte sich ans Ufer und weinte.

Der Wassermann erschien und brachte das goldene Beil. Er fragte: „Dein Beil?"

Der Bauer war hocherfreut und rief: „Meins, meins!"

Aber der Wassermann gab ihm weder das goldene Beil noch das, welches er in den Fluß geworfen hatte.

Die Wunderblume an den Gleichen   AUGUST TECKLENBURG

Am Fuße der Gleichen bei Göttingen hütete einst ein Schäfer seine Herde. Da fand er ein Büschel weißer Blumen, so selten und schön, wie er sie noch nie gesehen hatte. Er dachte: „Die willst du mitnehmen", und steckte sie voller Freude an seinen Hut. Es war die Wunderblume, die der Schäfer gefunden hatte; aber er kannte sie nicht. Alsbald erblickte er an dem Berge eine Öffnung, die er vorher nie gesehen hatte. „Da will ich doch einmal zusehen, was das ist", sagte er zu sich selber und ging näher, und vor seinen Blicken tat sich eine Höhle auf. Darin saß eine Jungfrau, und die winkte ihm, daß er hereinkommen solle. Zögernd ging er näher. Und siehe, drinnen standen rings an den Wänden große Fässer voll Gold, und dabei lag ein großer Hund, der ihn mit glühenden Augen ansah, also, daß der Schäfer sich fürchtete. Die Jungfrau aber winkte abermals und wies auf das Gold, er solle sich davon nehmen. Da legte der Schäfer seinen Hut mit der Wunderblume auf eins der Fässer, nahm von dem Golde nach seinem Gefallen und wollte wieder hinausgehen. Auf einmal fing die Jungfrau an zu reden und rief ihm zu: „Vergiß das Beste nicht!" Aber der Schäfer verstand nicht, was sie meinte, dachte nur an das Gold und ließ die Blume liegen. Das war sein Unglück. Kaum war er am Ausgang der Höhle, da verschloß sich der Berg, und der Schäfer konnte die Öffnung niemals wiederfinden, soviel er auch suchte. Über dem Golde hat schon mancher das Beste vergessen.

Die kluge Maus   ALBERT LUDWIG GRIMM

Eine kluge Maus kam aus ihrem Loche und sah eine Falle. „Aha", sagte sie, „da steht die Falle! Die klugen Menschen! Da stellen sie mit drei Hölzchen einen schweren Ziegel aufrecht, und an eines der Hölzchen stecken sie ein Stückchen Speck. Das nennen sie dann eine Mausefalle. Ja, wenn wir Mäuse nicht klüger wären! Wir wissen wohl, wenn man den Speck fressen will, klapps! fällt der Ziegel um und schlägt den Näscher tot. Nein, nein, ich kenne eure List!" — „Aber", fuhr das Mäuschen fort, „riechen darf man schon daran. Vom bloßen Riechen kann die Falle nicht zuschlagen, und ich rieche den Speck doch für mein Leben gern. Ein bißchen riechen muß ich daran."
Es lief unter die Falle und roch an dem Speck. Die Falle war aber ganz lose gestellt, und kaum berührte es mit dem Näschen den Speck, klapps! fiel sie zusammen, und das lüsterne Mäuschen war zerquetscht.

Die Eiche und das Schwein   GOTTHOLD EPHRAIM LESSING

Ein gefräßiges Schwein mästete sich unter einer hohen Eiche mit der herabgefallenen Frucht. Indem es die Eichel zerbiß, verschluckte es bereits eine andere mit dem Auge.

„Undankbares Vieh!" rief endlich der Eichbaum herab. „Du nährst dich von meinen Früchten, ohne einen einzigen dankbaren Blick auf mich in die Höhe zu richten."

Das Schwein hielt einen Augenblick inne und grunzte zur Antwort: „Meine dankbaren Blicke sollten nicht ausbleiben, wenn ich nur wüßte, daß du deine Eicheln meinetwegen hättest fallen lassen."

Der Rangstreit der Tiere GOTTHOLD EPHRAIM LESSING

Es entstand ein hitziger Rangstreit unter den Tieren. Ihn zu schlichten, sprach das Pferd: „Lasset uns den Menschen zu Rate ziehen; er ist keiner von den streitenden Teilen und kann desto unparteiischer sein."

„Aber hat er auch den Verstand dazu?" ließ sich ein Maulwurf hören. „Er braucht wirklich den allerfeinsten, unsere oft versteckten Vollkommenheiten zu erkennen."

„Das war sehr weise erinnert", sprach der Hamster.

„Jawohl!" rief auch der Igel. „Ich glaube es nimmermehr, daß der Mensch Scharfsichtigkeit genug besitzt."

„Schweigt ihr!" befahl das Pferd. „Wir wissen es schon, wer sich auf die Güte seiner Sache am wenigsten zu verlassen hat, ist immer am fertigsten, die Einsicht seines Richters in Zweifel zu ziehen."

Der Mensch ward Richter.

„Noch ein Wort", rief ihm der majestätische Löwe zu, „bevor du den Ausspruch tust! Nach welcher Regel, Mensch, willst du unseren Wert bestimmen?"

„Nach welcher Regel? Nach dem Grade", antwortete der Mensch, „in welchem ihr mir mehr oder weniger nützlich seid."

„Vortrefflich!" versetzte der beleidigte Löwe. „Wie weit würde ich alsdann unter dem Esel zu stehen kommen! Du kannst unser Richter nicht sein, Mensch! Verlaß die Versammlung!"

Der Mensch entfernte sich.

„Nun", sprach der höhnische Maulwurf, und ihm stimmten der Hamster und der Igel wieder bei, „siehst du, Pferd? Der Löwe meint es auch, daß der Mensch unser Richter nicht sein kann. Der Löwe denkt wie wir."

„Aber aus besseren Gründen als ihr", sagte der Löwe und warf ihnen einen verächtlichen Blick zu.

Der Löwe fuhr weiter fort: „Der Rangstreit, wenn ich es recht überlege, ist ein nichtswürdiger Streit. Haltet mich für den Vornehmsten oder den Geringsten; es gilt mir gleich. Genug, ich kenne mich." Und so ging er aus der Versammlung.

Ihm folgte der weise Elefant, der kühne Tiger, der ernsthafte Bär, der kluge Fuchs, das edle Pferd, kurz alle, die ihren Wert fühlten oder zu fühlen glaubten.

Die sich als letzte wegbegaben und über die zerrissene Versammlung am meisten murrten, waren — der Affe und der Esel.

Die Gans GOTTHOLD EPHRAIM LESSING

Die Federn einer Gans beschämten den neugeborenen Schnee. Stolz auf dieses blendende Geschenk der Natur, glaubte sie eher zu einem Schwane, als zu dem, was sie war, geboren zu sein. Sie sonderte sich von ihresgleichen ab und schwamm einsam und majestätisch auf dem Teiche herum. Bald dehnte sie ihren Hals, dessen verräterischer Kürze sie mit aller Macht abhelfen wollte. Bald suchte sie ihm die prächtige Biegung zu geben, in welcher der Schwan das würdigste Ansehen eines Vogels des Apollo hat. Doch vergebens; er war zu steif, und mit aller ihrer Bemühung brachte sie es nicht weiter, als daß sie eine lächerliche Gans blieb, ohne ein Schwan zu werden.

SACHERKLÄRUNG: Der Schwan galt als heiliger Vogel des Gottes Apoll.

Das Blatt MARIE VON EBNER-ESCHENBACH

Vom Winde getrieben, flog ein Blatt neben einem Vogel durch die Luft. „Sieh", raschelte es triumphierend, „ich kann fliegen wie du!" „Wenn du fliegen kannst, so mache mir das nach!" antwortete der Vogel, wandte sich um und steuerte mit kräftigem Flügel gegen den Wind. Das Blatt aber wirbelte ohnmächtig dahin, bis sein Träger plötzlich den Atem anhielt und es in ein Bächlein fallen ließ, das klar und munter durch den Wiesengrund jagte. Nun segelte das Blatt auf den Wellen und gluckste den Fischen zu: „Seht mich an, ich kann schwimmen wie ihr!" Die stummen Fische widersprachen ihm nicht. Da blähte es sich auf und meinte: „Das sind anständige Kreaturen, die lassen einen doch gelten!" Weiter glitt es und merkte nicht, wie es dabei aufquoll und schon faul war durch und durch.

Zaunkönig und Eule

JÖRG ERB

Als Adam und Eva aus dem Paradies vertrieben waren, ging es ihnen sehr übel auf der unwirtlichen Erde; denn es fehlte ihnen das Feuer, an dem sie sich hätten wärmen und ihre Nahrung bereiten können. Da beschloß Gott der Herr in seiner Güte, ihnen das Feuer zu schenken, das im Himmel verwahrt wurde. Er rief den Zaunkönig, daß er sein Bote wäre, und sprach zu ihm: „Trag das Feuer hinab ins Land der Menschen, aber eile nicht, auf daß dein Gefieder nicht versengt werde." Der Zaunkönig empfing das Feuer und machte sich auf die weite Reise. Weil er aber bewundert sein wollte, beschleunigte er seinen Flug immer mehr, je näher er der Erde kam, und vergaß die Mahnung des himmlischen Herrn. Als er auf Erden ankam, hatte er alle seine Federn versengt. Die Vögel scharten sich um ihn, und ein jeder rupfte sich eine Feder aus und schenkte sie dem Zaunkönig zu einem neuen Kleide; denn sie hatten Mitleid mit ihm.
Nur die Eule hatte sich geweigert, eine Feder für den Zaunkönig herzugeben; da sind die andern Vögel über sie hergefallen und haben sie mit ihren Schnäbeln gar übel zugerichtet. Seit dieser Zeit ist die Eule ein einsamer Vogel und verläßt nur in der Dämmerung ihr finsteres Versteck; denn sie fürchtet sich noch immer vor dem Zorn der Vögel.

Der Frosch und der Ochse

KARL SIMROCK

Ein Frosch sah einen Ochsen auf einer Wiese gehen und dachte bei sich: „Wenn ich meine runzlige Haut tüchtig aufblase, so kann ich wohl auch so groß werden wie dieser Ochse." Und er fing an, sich aufzublähen, so stark er nur konnte, und fragte seine Brüder: „Nun, was meint ihr? Bin ich bald so groß wie der Ochse?" Aber sie lachten ihn nur aus. Da blies er noch stärker und fragte abermals: „Wie nun?" Aber sie riefen lachend: „Nein, noch lange nicht!" „Dann will ich's euch zeigen!" schrie er erbost und blies sich so heftig auf, daß er platzte.

Der Fuchs und die Weintrauben

ÄSOP

An einem Rebstocke, der sich an einer hohen Mauer emporrankte, hingen wundervolle, saftige Trauben. Das sah ein hungriger Fuchs, und gierig machte er sich daran, die Trauben zu erwischen. Ein um das andere Mal sprang er, sprang ganz verzweifelt, so hoch er konnte; ja schließlich versuchte er sogar, die Mauer zu erklettern.

Aber alles umsonst — sie hingen zu hoch!
Da sagte der Fuchs verächtlich: „Die Trauben sind mir viel zu sauer!"
machte ein hochmütiges Gesicht — und ging davon.

Die Mücke und der Löwe   AUGUST GOTTLIEB MEISSNER

Eine Mücke forderte einst den Löwen zum Zweikampf heraus. Mit
Hohngelächter nahm ihn der Löwe an. Da flog die Mücke in seine Nasen-
löcher und zerstach sie ihm derart, daß er endlich von Schmerzen gepeinigt
gestehen mußte, er sei überwunden. „Was bin ich doch für ein mächtiges
Geschöpf", rief die Mücke und flog stolz dahin, um allen Tieren ihren Sieg
zu verkünden. Dabei übersah sie in der Eile das Netz der Spinne, ward
darin verstrickt und mußte einen elenden Tod erleiden.

Die Hyäne und der Fuchs   FRIEDRICH RÜCKERT

Die Hyäne hatte einen Fuchs gefangen und hielt ihn fest mit den Zäh-
nen. Da bat sie der Fuchs mit schmeichelnden Worten: „Du edles Tier,
voll Großmut und Milde, laß mich armes Füchslein doch laufen." Aber
die Hyäne packte ihn nur noch fester. Da rief der Fuchs: „Du grinsend Un-
geheuer mit dem steifen Rücken und scheelen Blick. Wart, das sollst du
mir büßen!" „Wie willst du dich denn rächen?" fragte die Hyäne spöttisch
und ließ unterm Sprechen die scharfen Zähne nach. Im Nu war das schlaue
Füchslein entsprungen.

Die Bärenhaut   WILHELM CURTMANN

Zwei Jägerburschen hatten von einem Bären gehört, der sich in dem
Wald aufhalten sollte. Und weil man lange keinen so großen und starken
Bären gesehen hatte, so freuten sie sich über den schönen Pelz, den sie
dem Bären abziehen wollten. „Wenn ich ihn schieße", sagte der eine, „so
laß ich mir einen Mantel davon machen, der soll mich im Winter hübsch
warm halten." — „Nein", sagte der andere, „ich schieße den Bären und ver-
kaufe den Pelz. Der Kürschner zahlt mir dreißig Taler dafür. Die sollen mir
schön im Beutel klingen!"
Unterdessen war es Zeit geworden, in den Wald zu gehen. Als sie aber so
allein darin waren und von fern den Tritt des Bären hörten, da wurde es

ihnen doch ein wenig bang. Als er nun näher kam und ein schreckliches Brummen hören ließ, da warf der, welcher den Pelz des Bären verkaufen wollte, seine Flinte weg und kletterte so schnell wie möglich auf einen Baum. Der andere aber, der sich nun auch nicht mehr zu bleiben getraute, konnte nicht mehr flüchten. Da fiel ihm zum Glück ein, daß die Bären keine toten Menschen anrühren. Er warf sich also auf den Boden, hielt den Atem an und streckte sich hin, als ob er tot wäre. Der Bär kam grimmig auf ihn zu. Als er aber sah, daß der Mann kein Glied rührte, beroch er ihn nur ein wenig und lief weiter, ohne ihm ein Leid zu tun.

Als der Bär weit genug weg war, erholten sich die beiden Jägerburschen von ihrem Schrecken. Der eine stieg vom Baum herunter, der andere stand vom Boden auf. Da fragte der, welcher von oben zugesehen hatte: „Hör einmal, was hat dir denn der Bär ins Ohr gesagt?" — „Ja", sagte der andere, „alles habe ich nicht verstanden. Eins aber hat er mir deutlich ins rechte Ohr gesagt, nämlich: Man darf die Haut des Bären nicht verkaufen, bevor man den Bären hat. Und ins linke Ohr hat er mir gesagt: Wer seinen Freund in der Not im Stich läßt, der ist ein schlechter Kerl."

Feuer! Feuer!

HANS BAYERL

Es ist noch nicht allzulange her, da fand in einem versteckten Walddörfchen des Bayernlandes an einem Samstag eine echte Bauernhochzeit statt, auf der es hoch herging.

Bis in die frühen Morgenstunden des Sonntags hinein blieb die stattliche Schar der Hochzeitsgäste beisammen.

Nachdem der fürsorgliche Wirt noch für ein Frühstück gesorgt hatte, zog die übriggebliebene Hochzeitsgesellschaft vom Gasthaus weg sogleich in die Kirche zur Frühmesse.

Übernächtig, mit verschlafenen Gesichtern, saßen sie nun in den Stühlen, Männlein und Weiblein, Burschen und Dirndl, und schon bald nach Beginn der Predigt übermannte sie, schön der Reihe nach, der gesunde Schlaf. Da und dort ertönte lautes Schnarchen, und der übrigen Kirchenbesucher bemächtigte sich eine stille Heiterkeit.

Peinlich war es für den Pfarrer auf der Kanzel, dies feststellen zu müssen; aber er wußte sich zu helfen. Mit Donnerstimme schrie er plötzlich in den Kirchenraum: „Feuer! Feuer!"

Alle wurden wach. „Wo, wo?" schrien sie erschreckt durcheinander.

„In der Hölle", antwortete der Prediger von der Kanzel herab. „Feuer für alle jene, die bei Gottes Wort einschlafen!"

Das Märchen vom Spiegel
KURT HELD

In einem Restaurant hing ein Spiegel. Es gingen viele Menschen an ihm vorbei und spiegelten sich. Sie wollten alle wissen, wie sie aussahen. Der Spiegel nahm ihre Gesichter in sich auf und schluckte sie hinunter. Er sagte kein Wort. Er dachte aber sehr viel und ärgerte sich oft.

Er konnte auch ihre Gedanken lesen, er war ein ganz besonderer Spiegel. „Die Menschen irren sich alle", dachte er. „Die einen bilden sich ein, schön zu sein, und dabei sind sie häßlich, und die anderen glauben, häßlich zu sein, und dabei sind sie oft recht hübsch. Keiner sieht sich richtig. Aber wozu soll ich ihnen das sagen und zu sprechen anfangen. Sie würden mir doch nicht glauben."

Wenn sie Hüte und Kleider vor ihm ausprobierten, so fragten sie ihn unaufhörlich: „Was steht mir am besten? Wie bin ich am schönsten?" Der Spiegel war geduldig und schwieg, aber er dachte: „Wie eitel sie alle sind. Es ist nicht gut, daß ich da bin." Schließlich bekam der Spiegel Magenweh von den vielen gespiegelten Menschen, er konnte sie nicht mehr verdauen. Er geriet immer mehr in Zorn über ihre Eitelkeit, und zuletzt wurde er trübe und blind. Die Leute putzten und polierten mit Tüchern an ihm herum. „Was hat er nur?" fragten sie. „Er spiegelt nicht mehr gut. Er taugt nichts mehr. Er ist alt." Sie nahmen ihn ab und stellten ihn in eine Ecke. Da dachte der Spiegel: „Ich will ein wenig an die frische Luft gehen. Vielleicht wird mir dann besser." Er lief auf die Straße und ging an den Häusern entlang. Die Autos, die an ihm vorbeifuhren, spiegelten sich und sagten: „Seht, jetzt fahren die Autos schon auf dem Bürgersteig. Wir vermehren uns immer mehr." Die Firmen- und Reklameschilder nickten erfreut, als sie sich in dem Spiegel sahen: „Überall steht schon unser Name." Auch die kleinen Bäume, die an den Straßenecken standen, winkten übermütig ihren Spiegelbildern zu: „Wir sind bald ein richtiger Wald." — Und die vielen, vielen Menschen, die vorüberkamen? Kein einziger sah den Spiegel, sie sahen alle nur sich selbst und riefen: „Ei seht, da kommt ein Mensch, und der gleicht mir aufs Haar." Dem Spiegel wurde immer schlechter. „Ich will nicht länger spiegeln", sagte er zu sich, „es ist besser für die Menschen und die Dinge. Wenn sie sich selber nicht mehr sehen können, schauen sie sich vielleicht gegenseitig genauer an und werden gütiger zueinander."

Der Spiegel ging aus der Stadt hinaus. Er ging in den Wald und kam auf eine große Sandhalde. Dort blieb er stehen. „Hier werde ich bleiben", sagte er und spie alles aus, was er jemals gesehen hatte, und dann zerplatzte er. Keiner konnte mehr erkennen, daß er jemals ein Spiegel gewesen war. Er war wieder Sand geworden, denn daraus hatte man ihn gemacht.

Aber die Menschen hängten sich einen neuen Spiegel auf. Es hat nichts genützt, daß der alte geplatzt ist.

Der Kirschenzweig
PETER ROSEGGER

Meine Eltern waren mit uns Kindern überaus milde und nachsichtig. Aber ihren vollen Zorn ließen sie uns fühlen, wenn sie uns auf irgendeiner Unwahrheit ertappt hatten. Nun kam ich einmal an einem Sommertage mit einem Kirschenzweig, der üppig mit schwarzen Kirschen beladen war, nach Hause. Ich hatte ihn im Hintergarten des Nachbarn heimlich vom Baume gebrochen. Meine Mutter fragte mich sofort, woher ich den Kirschbaumzweig hätte. Ich antwortete im ersten Schrecken: „Von unserm Baum!"
Kaum war das Wort heraus, so fiel mir ein, daß unser Baum keine schwarzen Kirschen trage, sondern rote. Ich war auf Herbes gefaßt; aber meine Mutter schwieg. Sie schwieg und ging hinaus in die Futterkammer. Ich schlich ihr nach und fand sie bitterlich weinen.
So weint eine Mutter, deren liebsten Sohn man in den Kerker führt. Mir gingen die Augen auf – mir gingen sie über. Auf meinen Lippen die Unwahrheit, in meiner Hand fremdes Gut! Ich fiel vor meiner Mutter auf die Knie, gestand alles und flehte um Verzeihung.
„Steh auf", sagte sie, „trage den Kirschenzweig zum Nachbarn und sage ihm, was du getan hast!" Ich tat's. Der Nachbar lachte und meinte: „Wegen einer Handvoll Kirschen da! Sie sind dir wohl vergönnt, sie werden mir von dem Baum da unten immer gestohlen."
Das war mir gerade genug; da hatte der Mann einen Kirschbaum für Diebe. Ich hatte genug für mein Leben lang.

Der Lateiner
JOHANNES BANZHAF

Der Schulzenbauer Jakob Aldinger von Durikheim auf der Schwäbischen Alb hatte zwei Söhne. Der Ältere sollte den Hof übernehmen. Den Jüngsten – Christoph hieß er – schickte der Vater, nachdem er die nötige Vorbildung hatte, in die Stadt auf die Lateinschule. Der reiche Bauer spielte lange schon mit dem Gedanken, daß der Christoph einst ein großer Herr würde, Pfarrer vielleicht oder Rechtsgelehrter.
Dem jungen Lateinschüler ging es in der Stadt anscheinend ganz gut, denn er verbrauchte allerlei Geld. Nach seinem Aussehen zu urteilen, griff ihn das Lernen auch gar nicht so sehr an. Er war einer von denen, die – wie

man so sagt – leicht lernen. Wenn er in den Ferien nach Hause kam, dann markierte er den feinen Herrn, tat geziert, drückte sich vor jeder schmutzigen Arbeit. Neuerdings schimpfte er sogar über die dummen, einfältigen Bauern.

Der Vater hatte anfangs beide Augen zugedrückt, wenn der „noble Christoph", wie er im Dorfe genannt wurde, allerlei Seitensprünge machte. Schließlich trieb es der Junge aber so weit, daß der Vater die Geduld verlor und ärgerlich wurde. Er merkte wohl, daß dem Jungen der Vater fehlte, und im geheimen gestand er sich auch ein, daß er es von Anfang an mit der Erziehung nicht ernst genommen hatte. Jetzt war es aber unverkennbar, daß der Junge über die Stränge schlug.

Ganz unvermittelt fragte eines Tages der Bauer seinen Sohn, als er mit ihm im Pferdestall war: „Wie heißt das auf lateinisch?" Dabei wies er auf eine Mistgabel, die in der Ecke lehnte.

„Gabelinus heißt das", war die prompte Antwort.

Das leuchtete dem Vater wohl ein, und er zeigte auf einen Dreschflegel, der an der Wand hing: „Und wie heißt das?"

„Den nennt man Flegelinus!" erwiderte der Sohn ganz unbekümmert.

Da schaute der Bauer seinen Lateiner mit prüfendem Blick an, ging hinaus vor den Stall, stieß eine neben der Tür stehende Mistkarre um und fragte wieder nach dem lateinischen Namen.

„Das ist ein Karratus!" antwortete der Junge in einem Ton, als wolle er sagen: Wie kannst du so leichte Fragen an mich stellen!

Darauf drehte sich der Bauer um und zeigte auf den Mist.

Wieder kam die rasche Antwort: „Das ist Mistus!"

Da hob der Vater nochmals die Hand, oder richtiger gesagt, beide Hände. Diesmal aber zu einigen gesalzenen Ohrfeigen, daß der Herr Sohn fast über den Karratus gestolpert wäre. Dann packte er das Bürschlein am Rock, schüttelte es energisch und sagte ihm in unmißverständlichem Ton: „Mein Filius, geh da hinein, hole die Gabelinus und lade Mistus auf den Karratus, sonst schlage ich dich mit dem Flegelinus auf deinen Kamisolus, daß du kriegst die schwere Notus!"

An diesem Tag ging dem Ländchen ein Pfarrer oder ein Advokat verloren.

WORTERKLÄRUNG: Kamisolus zu Kamisol = Jacke, Wams.

Sprechen Sie noch?

SIGISMUND VON RADECKI

Ein junger Advokat hat sich ein wundervolles Arbeitszimmer eingerichtet. Zur Krönung des Ganzen hat er sich gestern ein Luxustelephon gekauft mit Elfenbeinmuschel, das vorläufig eindrucksvoll auf dem Schreibtisch steht.

Man meldet einen Klienten. Den ersten!

Der junge Advokat läßt ihn zuerst einmal — aus Grundsatz — eine Viertelstunde warten. Um auf den Klienten noch stärkeren Eindruck zu machen, nimmt er den Hörer ab und simuliert bei Eintritt des Mannes ein wichtiges Telephongespräch:

„Mein lieber Generaldirektor, wir verlieren ja nur Zeit miteinander ... Ja, wenn Sie durchaus wollen ... Aber nicht unter zwanzigtausend Mark ... Also schön, abgemacht ... Guten Tag!"

Er setzt den Hörer wieder auf. Der Klient scheint tatsächlich sehr befangen zu sein. Fast verwirrt.

„Sie wünschen, mein Herr?"

„Ich ... ich bin der Monteur ... ich möchte das Telephon anschließen."

Totgefragt   WOLFGANG STENDEL

Auf einem von den Dampfern, die von Hamburg nach Helgoland fahren, wendet sich eine Dame aus dem Binnenland an den Kapitän und stellt eine Art Verhör mit ihm an: „Sie sind doch der Kapitän, nicht wahr?"

„Jawohl, meine Dame."

„Sagen Sie, ist es eigentlich gefährlich auf der See?"

„Nein, heute nicht, es ist ja beinahe windstill. Da wird es wohl ohne Seekrankheit abgehen."

„Nein, das meine ich auch nicht, ich meine nur wegen der Minen!"

„Ach, das hat nichts zu sagen, die sind ja alle weggeräumt."

„Ja, aber wenn sich nun mal eine versteckt hat?"

„Können sie nicht. Die schwimmen oben auf der Wasserfläche und wären längst entdeckt. Darum beunruhigen Sie sich nur nicht."

„Na ja, Sie sind ja Fachmann und fahren gewiß schon lange auf dieser Strecke?"

„Ja, schon vier Jahre."

„Schon so lange. Wie hieß doch der Kapitän, der früher auf diesem Schiff fuhr? Es war doch ein großer blonder!"

„Der hieß Albers."

„Ach ja, richtig, an den erinnere ich mich noch gut. Lebt er noch?"

„Nein, gnädige Frau. Albers ist tot."

„Ach, wie schade! Und woran ist er gestorben?"

„Den haben die Reisenden totgefragt."

5. DURCH SCHADEN WIRD MAN KLUG

Das Bäumlein, das andere Blätter wollte

FRIEDRICH RÜCKERT

Ein Tannenbäumlein war mit seinen spitzen Nadeln unzufrieden und wünschte sich Blätter von lauterem Gold. Als es am nächsten Morgen erwachte, war sein Wunsch erfüllt. Aber seine Freude dauerte nicht lange. Es kam ein Mann, der riß ihm alle seine goldenen Blätter herunter und ließ es nackt und kahl stehen. Jetzt wünschte sich das Bäumlein Blätter von hellem Glase. Auch dieser Wunsch ging am nächsten Morgen in Erfüllung. Aber da fuhr der Sturmwind durch den Wald, und bald lagen alle seine gläsernen Blätter zerbrochen am Boden. Da wünschte es sich grüne Blätter, wie sie die Laubbäume tragen. Am nächsten Morgen hatte es grüne Blätter, aber nicht lange. Denn es kam eine Geiß und fraß sie ab. Da wurde das Bäumchen traurig und sagte: „Wenn ich nur wieder meine Nadeln hätte, die waren doch die besten." Als es am nächsten Morgen erwachte, hatte es alle seine Nadeln wieder und war glücklich und zufrieden.

Vom Raben und Fuchse

MARTIN LUTHER

Ein Rabe hatte einen Käse gestohlen und setzte sich auf einen hohen Baum und wollte ihn verzehren. Da er aber seiner Art nach nicht schweigen kann, wenn er frißt, hörte ihn ein Fuchs über dem Käse krächzen, lief herbei und sprach: „O Rab', nun hab' ich mein Lebtag keinen schöneren Vogel gesehen von Federn und Gestalt, als du bist. Und wenn du auch eine so schöne Stimme hättest zu singen, so sollt' man dich zum König krönen über alle Vögel."

Den Raben kitzelte solch Lob und Schmeicheln, fing an, wollt' seinen schönen Gesang hören lassen, und als er den Schnabel auftat, entfiel ihm der Käse; den nahm der Fuchs behend, fraß ihn und lachte des törichten Raben.

Von der Stadt- und Feldmaus
MARTIN LUTHER

Eine Stadtmaus ging spazieren und kam zu einer Feldmaus; die tat ihr gütlich mit Eicheln, Gerste und Nüssen, und womit sie konnte. Aber die Stadtmaus sprach: „Du bist eine arme Maus; was willst du hier in Armut leben? Komm mit mir! Ich will dir und mir genug schaffen von allerlei köstlicher Speise." Die Feldmaus zog mit ihr hin in ein herrlich schönes Haus, darin die Stadtmaus wohnte. Und sie gingen in eine Kammer, da war vollauf von Brot, Fleisch, Speck, Würsten, Käse und allem. Da sprach die Stadtmaus: „Nun iß und sei guter Dinge! Solcher Speise hab' ich täglich überflüssig."

Indes kommt ein Kellermeister und rumpelt mit den Schlüsseln an der Tür. Die Mäuse erschraken und liefen davon. Die Stadtmaus fand bald ihr Loch, aber die Feldmaus wußte nirgends hin, lief die Wand auf und ab und gab ihr Leben schon verloren.

Da der Kellermeister wieder hinaus war, sprach die Stadtmaus: „Es hat nun keine Not. Laß uns guter Dinge sein!" Die Feldmaus antwortete: „Du hast gut reden; du wußtest dein Loch fein zu treffen, derweil bin ich schier vor Angst gestorben. Ich will dir sagen, was meine Meinung ist: bleibe du eine reiche Stadtmaus und friß Würste und Speck! Ich will ein armes Feldmäuslein bleiben und meine Eicheln essen. Du bist keinen Augenblick sicher vor dem Kellermeister, vor den Katzen, vor so vielen Mäusefallen, und ist dir das ganze Haus feind. Von alledem bin ich frei und sicher in meinem armen Feldlöchlein."

Kater und Sperling
OSKAR DÄHNHARDT

Ein Sperling flog auf den Bauernhof. Da kam der Kater, erwischte den Sperling, trug ihn fort und wollte ihn verspeisen. Der Sperling aber sagte: „Kein Herr hält sein Frühstück, wenn er sich nicht vorher den Mund gewaschen hat." Der Kater nahm sich das zu Herzen, setzte den Sperling auf die Erde und fing an, sich mit der Pfote den Mund zu waschen. Da flog ihm der Sperling davon. Das ärgerte den Kater, und er sagte: „Solange ich lebe, werde ich immer zuerst mein Frühstück halten und dann den Mund waschen."

Und so macht er es bis auf den heutigen Tag.

Der Igel und der Hase

AUGUST LANGBEIN

Als der Igel spürte, daß der Winter herannahte, bat er den Hasen, ihm ein Plätzchen in seiner Höhle einzuräumen. Der gutmütige Hase erfüllte seinen Wunsch. Doch kaum hatte der Igel Einlaß erhalten, so machte er sich breit und bedrängte seinen Wirt mit den spitzen Stacheln. Jetzt erst erkannte der Hase seine Übereilung und bat den Igel, die Wohnung wieder zu verlassen. Aber der lachte nur und rief: „Wem es hier nicht gefällt, der kann ja gehen; ich für meine Person bin wohl zufrieden und bleibe."

Der Schneider und der Elefant

MATTHIAS CLAUDIUS

Ein Schneider saß vor seiner Haustür, als eben ein Elefant zur Tränke getrieben wurde. Der Schneider hatte einen Korb voll Äpfel neben sich stehen. Als der Elefant die Äpfel sah, stand er still, streckte seinen Rüssel aus und holte sich einen Apfel nach dem andern. Das ärgerte den Schneider, und als der Rüssel wiederkam, stach er mit seiner Nadel hinein. Der Elefant machte prrr und ging weiter zur Tränke.

Hier trank er sich satt und nahm einen Rüssel voll Wasser mit zurück. Und als er wieder zu dem Schneider kam, stellte er sich gerade vor ihn hin, spritzte ihm das Wasser ins Gesicht und über den ganzen Leib und ging ruhig heim. Da zitterte das Schneiderlein an allen Gliedern und sagte auch: prrr.

Der König als Apfeldieb

AUGUST BEBEL

König Ludwig I. von Bayern wohnte einmal im Sommer in Schloß Leopoldskron, in nächster Nähe von Salzburg. Der König, ein hochaufgeschossener Herr, der im grauen Sommeranzug, den Kopf mit einem großen Strohhut bedeckt und mit einem starken Krückstock in der Hand, öfter an unserer Werkstatt vorbeiging, liebte es, in der Umgebung Salzburgs allein Spaziergänge zu machen.

Eines Tages macht er wieder einen Spaziergang und sieht, wie ein Knabe sich abquält, Äpfel von einem Baume herunterzuwerfen. Der König tritt zu dem Knaben und sagt: „Schau, das mußt du so machen!" und schleudert seinen Krückstock mit bestem Erfolg in die Äste des Baumes.

Das hatte aber aus dem in der Nähe liegenden Hause die Bäuerin beobachtet, die jetzt hochrot vor Zorn in die Tür trat und dem König, den sie nicht kannte, zurief: „Du alter Lackl, schamst di net, den Buam beim Äpfelstehln z'helfe!" Der König nahm seinen Krückstock und trollte von dannen.

Am nächsten Morgen erschien ein Diener und brachte der Bäuerin einen Gulden mit der Bemerkung, das sei für die Äpfel, die gestern der Herr vom Baum geschlagen habe. Auf ihre Frage, wer denn der Herr gewesen sei, erhielt sie zu ihrer höchsten Überraschung die Antwort: „Der König Ludwig."

Erziehung zur Pünktlichkeit WOLFGANG STENDEL

Ein Kaufmann, der sehr viel auf Pünktlichkeit hielt, war von einem Handwerker wiederholt unpünktlich beliefert worden. Als er darauf wieder bei ihm eine Bestellung machte, verlangte er, daß der Handwerker diesmal ganz bestimmt sagen solle, wann er die Arbeit liefern werde. Ausflüchte nehme er nicht mehr an. Der Handwerker beteuerte, daß er bestimmt am nächsten Freitag, wenn er überhaupt noch lebe, die Ware liefern werde.

Als der Kaufmann am festgesetzten Tage wieder nichts von dem Handwerker sah noch hörte, schickte er eine Anzeige zur Zeitung, in der unter vielem Bedauern der Tod des Handwerkers gemeldet wurde. Dieser las ganz erstaunt die Nachricht von seinem eigenen Hinscheiden, lief zur Zeitung und dann, als er den Namen des Kaufmannes als den des Einsenders erfuhr, zu seinem Auftraggeber. Als der Kaufmann den Handwerker erblickte, stellte er sich ganz erschrocken, als sähe er einen Geist. „Mein Gott!" rief er schließlich aus, „Sie leben also wirklich noch? Sie haben mir fest versprochen, daß Sie Ihre Arbeit liefern würden, wenn Sie am Freitag noch am Leben seien. Und als Sie dann nicht kamen, mußte ich natürlich annehmen, Sie seien gestorben. Da ich Ihr Freund bin, habe ich mich für verpflichtet gehalten, meine Mitbürger von diesem traurigen Todesfall in Kenntnis zu setzen." Seit dieser Zeit lieferte der Handwerker seine Arbeit stets zur festgesetzten Zeit ab.

Wie's gemacht wird ISOLDE KURZ

Herzog Karl von Württemberg war ein großer Jagdfreund, und das Landvolk litt unter seiner Regierung schwer vom Wildschaden, gegen den es sich nicht wehren durfte; denn es war streng verboten, Wild abzuschießen. Ein Bäuerlein aber, dem wiederholt seine Rüben- und Krautäcker abge-

fressen wurden, wußte sich zu helfen und legte in seinem Hof eine Hasenfalle an, die so kunstreich mit einer Glockenschnur verbunden war, daß,
sooft einer vom Geschlecht Lampe sich fing, die Glocke von selbst das
Zeichen gab. Dann ging das Bäuerlein hinaus und holte sich einen fetten
Braten für die Küche. Der Mann aber hatte Feinde, und die verrieten dem
Revierförster seine schöne Einrichtung.
Da begibt sich der Revierförster zu dem Übeltäter. „Hanspeter, ich habe
gehört, daß du dir eine Hasenfalle angelegt hast." — „Jawohl, Herr Revierförster", antwortet der Bauer treuherzig. — „Ja, weißt du nicht, daß du
einen Diebstahl an unserem Herrn Herzog begehst und daß du in Strafe
verfallen bist?" — „Ha, sell wär'!" sagt der Hanspeter und versichert, daß
er von keiner einschlägigen Verordnung wisse. Das scheint dem Förster
sehr unglaubhaft, und er setzt dem Erstaunten auseinander, daß Unkennt-
nis des Gesetzes auch gar nicht vor Strafe schütze. Während sie noch reden,
klingelt es vom Hofe her, und beide schauen auf.
„Hören Sie's, Herr Revierförster?" sagt der Hanspeter mit seinem dumm-
schlausten Gesicht. „Da sitzt schon wieder einer und zeigt sich an. Jetzt
kommen Sie nur her, dann sehen Sie gleich selber, wie's gemacht wird."
Der Förster lacht sich ins Fäustchen, daß er nun beide zugleich in der Falle
habe, den Hasen und den Bauern. Er folgt dem Mann in den Hof, verwundert über ein solches Maß von Dummheit. Dort zieht der Bauer Herrn
Lampe bei den Löffeln aus der Falle, hält ihn vor sich und überschüttet ihn
mit Schimpfreden: „Meinst du, ich pflanz' meine Krautköpf' und meine
Rüben für dich, du elender S...hund! Wart', ich will dir Respekt ein-
bleuen, daß du das Wiederkommen vergißt!" Dies sagend, gerbt er dem
Hasen das Fell, schüttelt ihn dann noch einmal an den Löffeln und sagt:
„So, jetzt lauf heim, sag's dei'm Weib und deiner Freundschaft, was es da
zu schmarotzen gibt!" Damit läßt er ihn los, und mit einem Sprung ist der
Hase verschwunden.
„Sehen Sie, Herr Revierförster", sagt jetzt der Hanspeter pfiffig, „so
wird's gemacht. Der kommt nimmer, und er sagt's auch den andern." Und
der Herr Revierförster mußte mit langer Nase abziehen.

Der Blinde und der Sehende   SIGISMUND VON RADECKI

Ein Blinder besaß 500 Mark, die er in einem Winkel seines Gartens vergraben hatte. Ein Nachbar hatte das beobachtet und grub sie in der Nacht
wieder aus. Verzweifelt über diesen Verlust suchte der Blinde seinen Nachbar auf, den er im Verdacht hatte.

„Herr Nachbar", sagte er im ruhigsten Tone von der Welt, „ich komme, um Sie um einen Rat zu bitten: Ich habe 1000 Mark, von denen ich die Hälfte an einem sicheren Orte versteckt habe; glauben Sie, daß es rätlich ist, die andere Hälfte am selben Ort zu verbergen?"

„Jawohl, ich glaube, ich kann es Ihnen mit gutem Gewissen anraten", sagte der Nachbar, nach reiflicher Überlegung. Und schwand gleich darauf ab, um die 500 Mark wieder an Ort und Stelle zu bringen; weil er die ganzen 1000 haben wollte.

Der Blinde holte sein Geld ab und ließ nichts liegen.

Die Sage vom blinden Huhn WERNER HELWIG

Als Janni einmal für längere Zeit arbeitslos und somit ziellos war, ließ er sich darauf ein, bei einem Blinden den Blindenführer zu spielen. Er hatte beobachtet, daß sein neuer Arbeitgeber mit seinem Bürstenhandel an den Haustüren nicht so schlecht abschnitt. Einzig dessen hatte er sich nicht versehen, daß der Blinde von einem unheimlichen, geradezu scharfäugig zu nennenden Geiz besessen war. Und der arme Janni, der gehofft hatte, bei dem mancherlei Zubrot und Trinkgeld, das der Besenhandel nebenbei noch einbrachte, auch auf seine Kosten zu kommen, mußte erleben, daß alles, was da anfiel, ungeteilt im Schnappsack seines Meisters verschwand. Ihm aber wurde nichts anderes ausgehändigt als die sehr schmal berechneten Prozente vom Gesamteintrag. Einmal aber geschah es ihnen auf ihrer Klingelfahrt, daß sie von einer mitleidigen Hausfrau eine riesige, wundervoll süße, aber überreife Weintraube geschenkt bekamen. Die konnte der Blinde nun nicht in seinem Schnappsack horten, da sie alles klebrig durchnäßt hätte. So nahmen sie auf der Treppe am Ausgang des Hauses Platz und fingen an, die Traube zu verzehren. „Jeder nehme jeweils eine Beere", verfügte der Blinde, und er schlug mit dem Fuß den Takt dazu, um den Rhythmus zu bestimmen, nach welchem sie immer beide zugleich in die Traube greifen durften, die er in der linken Hand zwischen Janni und sich hochhielt. So, meinte er, könne sich keine Unregelmäßigkeit im gleichmäßigen Verzehr einschleichen. Als Janni aber zum neunten Male, immer nach dem Geheiß der klopfenden Schuhspitze, seine einzelne Beere eingeheimst hatte, bemerkte er, daß sein blinder Herr jeweils zwei nahm. „Ich bin so frei", dachte er bei sich, und nahm seinerseits drei. – Das ging einige Male gut, da fragte ihn der Blinde: „Warum nimmst du jeweils drei Beeren?" Janni war baff. – „Woran konntet Ihr das merken", fragte er zurück, indem er in seiner Frage Geständnis und Ablenkung geschickt vermischte. –

Der Blinde verzog seinen schmallippigen Mund zu einem Lächeln des Triumphes: „Weil du nicht protestiertest, da ich zwei nahm."

Das ist also die Sage vom blinden Huhn, kommentierte Janni den Vorfall in seinen Gedanken. Nicht so verhält es sich, daß das blinde Huhn auch mal ein Korn findet, sondern, begünstigt durch seine Blindheit, findet es Körner, die den Sehenden entgehen.

WORTERKLÄRUNGEN: Schnappsack = Rucksack oder Ranzen für Vorräte. Baff = verblüfft.

Die Elster und ihre Kinder
BRÜDER GRIMM

Eine Elster führt ihre Kinder aufs Feld, damit sie lernen, selbst ihre Nahrung zu suchen. Das gefällt ihnen nicht, sie wollen lieber ins Nest zurück, wo sie es bequemer haben, weil die Mutter die Speise im Schnabel herbeitragen soll.

„Meine Kinder", spricht sie, „ihr seid groß genug, euch selbst zu ernähren. Meine Mutter hatte mich viel früher ausgewiesen." „Aber die Bogenschützen werden uns töten", antworteten die Kinder.

„Nein, nein", spricht sie, „es gehört Zeit zum Zielen. Wenn ihr seht, daß sie die Armbrust in die Höhe heben und an das Gesicht legen, um abzudrücken, so fliegt davon!"

„Das wollen wir wohl tun. Aber wenn einer einen Stein nimmt und will nach uns werfen, dazu ist kein Zielen nötig, wie dann?"

„Ihr könnt ja sehen, wie er sich bückt", sagt die Alte, „wenn er den Stein aufheben will."

„Aber wie, wenn er einen Stein beständig in der Hand trägt und jeden Augenblick zum Schleudern bereit ist?"

„Ei, was ihr nicht alles wißt!" spricht die Mutter, „ihr könnt schon selber für euch sorgen." Damit fliegt sie weg und läßt ihre Kinder allein.

Zeus und das Pferd
GOTTHOLD EPHRAIM LESSING

„Vater der Tiere und Menschen", so sprach das Pferd und nahte sich dem Throne des Zeus, „man will, ich sei eines der schönsten Geschöpfe, womit du die Welt geziert, und meine Eigenliebe heißt mich es glauben. Aber sollte gleichwohl nicht noch verschiedenes an mir zu bessern sein?" —

„Und was meinst du denn, daß an dir zu bessern sei? Rede; ich nehme Lehre an", sprach der gute Gott und lächelte.

„Vielleicht", sprach das Pferd weiter, „würde ich flüchtiger sein, wenn meine Beine höher und schmächtiger wären; ein langer Schwanenhals würde mich nicht verstellen; eine breitere Brust würde meine Stärke vermehren; und da du mich doch einmal bestimmt hast, deinen Liebling, den Menschen, zu tragen, so könnte mir ja wohl der Sattel anerschaffen sein, den mir der wohltätige Reiter auflegt."

„Gut", versetzte Zeus; „gedulde dich einen Augenblick!" Zeus, mit ernstem Gesichte, sprach das Wort der Schöpfung. Da quoll Leben in den Staub, da verband sich organisierter Stoff; und plötzlich stand vor dem Throne — das häßliche Kamel.

Das Pferd sah, schauderte und zitterte vor entsetzendem Abscheu.

„Hier sind höhere und schmächtigere Beine", sprach Zeus; „hier ist ein langer Schwanenhals; hier ist eine breitere Brust; hier ist der anerschaffene Sattel! Willst du, Pferd, daß ich dich so umbilden soll?"

Das Pferd zitterte noch.

„Geh", fuhr Zeus fort, „dieses Mal sei belehrt, ohne bestraft zu werden. Dich deiner Vermessenheit aber dann und wann reuend zu erinnern, so dauere du fort, neues Geschöpf" — Zeus warf einen erhaltenden Blick auf das Kamel — „und das Pferd erblicke dich nie, ohne zu schaudern."

Der unvernünftige Gärtner HEINRICH VON KLEIST

Ein Gärtner sagte zu seinem Herrn: „Deinem Dienst habe ich mich nur innerhalb dieser Hecken und Zäune gewidmet. Wenn der Bach kommt und deine Fruchtbeete überschwemmt, so will ich, mit Hacken und Spaten, aufbrechen, um ihm zu wehren. Aber außerhalb dieses Bezirkes zu gehen, und, ehe der Strom noch einbricht, mit seinen Wogen zu kämpfen, das kannst du nicht von deinem Diener verlangen."

Der Herr schwieg.

Und drei Frühlinge kamen und verheerten mit ihren Gewässern das Land. Der Gärtner triefte vor Schweiß, um dem Geriesel, das von allen Seiten eindrang, zu steuern: umsonst; der Segen des Jahres, wenn ihm die Arbeit auch gelang, war verderbt und vernichtet.

Als der vierte Frühling kam, nahm der Gärtner Hacken und Spaten und ging aufs Feld.

„Wohin?" fragte ihn sein Herr.

„Auf das Feld", antwortete er, „wo das Übel entspringt. Hier türm' ich Wälle von Erde umsonst, um dem Strom, der brausend hereinbricht, zu wehren: an der Quelle kann ich ihn mit einem Fußtritt verstopfen."

Der Besitzer des Bogens

GOTTHOLD EPHRAIM LESSING

Ein Mann hatte einen trefflichen Bogen von Ebenholz, mit dem er sehr weit und sicher schoß und den er ungemein wert hielt. Einst aber, als er ihn aufmerksam betrachtete, sprach er: „Ein wenig plump bist du doch! Alle deine Zierde ist die Glätte. Schade! – Doch dem ist abzuhelfen!" fiel ihm ein. „Ich will hingehen und den besten Künstler Bilder in den Bogen schnitzen lassen." Er ging hin, und der Künstler schnitzte eine ganze Jagd auf den Bogen, und was hätte sich besser auf einen Bogen geschickt als eine Jagd?

Der Mann war voller Freuden. „Du verdienst diese Zierate, mein lieber Bogen!" Indem will er ihn versuchen; er spannt den Bogen, und der Bogen – zerbricht.

Der Wettermacher

KARL BLANCK

Einst war ein Mann, der war nimmer zufrieden, weder mit seinem Schicksal noch mit den Menschen, noch selbst mit dem lieben Gott. Bald tadelte er diese, bald jene Einrichtung seiner Weltregierung, vor allem aber das Wetter, das ihm heute zu warm, morgen zu kühl war, der Regen dauerte ihm heute zu lange, morgen ging er zu rasch vorüber, heute schien die Sonne ihm zu feucht, morgen zu trocken. Kurz, er hatte am Wetter beständig etwas auszusetzen, und einst in den heiligen zwölf Nächten sagte er: „Könnte ich selbst nur das Wetter machen, wie ich wollte, so sollten die Saaten bald anders stehen." Und siehe da, als er das gesagt hatte, trat ein Mann zu ihm, der war mit einem hellen Schein umgeben und sprach: „Dein Wunsch, das Wetter zu machen, sei dir gewährt. Von heute an soll deinen Feldern nur die Witterung zuteil werden, die du wünschest und die du für die beste hältst." Damit verschwand die Erscheinung.

Der Tadler war jetzt hoch erfreut, daß sein Wunsch erhört worden war. Und da es noch nicht geschneit hatte, so wünschte er seinen Feldern zuerst eine tüchtige Schneedecke. Und siehe, als er aufs Feld kam, da schneite es schon lustig auf seine Äcker herab. Den Schnee ließ er bis zum ersten März liegen, bestellte hierauf trockene Witterung, dann abwechselnd Sonnenschein und warmen Regen, mitunter auch Gewitter und dachte, alles weise und gut eingerichtet zu haben. Seine Saaten zeichneten sich auch vor allen übrigen des Feldes aus, wuchsen und blüten, daß es eine Lust war, und der Mann ging gar stolz umher und tat, als wäre er der liebe Gott selbst. Als aber die Ernte kam, fuhr er wohl große Wagen voll auf seinen Hof, aber nichts als Stroh und kein Körnchen Frucht: denn der überkluge Mann hatte den Wind vergessen.

Die Sonne, der Mond und der Hahn

HERLINT WOLFF V. D. STEINEN

Früher einmal lebten die Sonne, der Mond und der Hahn zusammen im Himmel. Die Sonne und der Hahn hatten einander sehr lieb, und niemals gab es einen Streit zwischen ihnen. Der Mond aber konnte den Hahn nicht leiden, und darum neckte und quälte er ihn auch, wann und wo immer er nur konnte. Als nun einmal die Sonne gerade unterwegs war, um der Erde zu leuchten, ließ sich der Mond vom Hahn bedienen. Aber wie sehr sich der Hahn auch Mühe gab, an allem nörgelte der Mond herum. Und schließlich packte er voller Wut den Hahn, zauste ihm alle Federn und warf ihn vom Himmel auf die Erde hinunter.

Als die Sonne heimkam, sah sie betrübt, was geschehen war, und da sie die Älteste war, mußte sie den Frieden wiederherstellen. Lange dachte sie nach, dann rief sie den Mond zu sich und sagte zu ihm: „Wir drei können nicht länger zusammenleben. Ich hätte keine ruhige Minute mehr, wenn ich unterwegs bin, um der Erde zu leuchten, und euch allein beisammen wüßte. Deshalb werden in Zukunft immer am Tage der Hahn und ich zusammen unterwegs sein, und du magst dann in der Nacht deinen Weg am Himmel gehen. So vermeiden wir das Häßlichste und Traurigste, was es in der Welt gibt: den Zank und den Streit."

Und so, wie die Sonne gesagt hatte, geschah es auch. Seitdem weckt der kleine Hahn an jedem Morgen — ihr könnt es hören — mit seinem hellen Kikeriki die große Sonne auf, und sie verbringen dann den ganzen Tag miteinander, die Sonne hoch oben am Himmel, und der Hahn tief unten auf der Erde. Und erst am Abend, wenn die Sonne in den Himmel zurückkehrt und der Hahn in seinen Stall, steigt der Mond still am Horizont auf und beginnt seine einsame Herrschaft über das Reich der Nacht und der Sterne.

6. ALLERLEI STREICHE

Die versenkte Glocke

Volkstümlich

Einst brach Krieg im Lande aus, und da fürchteten die Lalenburger für ihr Hab und Gut, daß es ihnen geraubt und weggenommen würde. Besonders aber war ihnen angst um eine gute Glocke, die auf ihrem Rathause hing, weil sie glaubten, man würde sie ihnen wegnehmen und Büchsen daraus gießen. Also wurden sie nach langem Ratschlag eins, die Glocke bis zu Ende des Krieges in den See zu versenken und sie dann, wenn der Krieg vorüber und der Feind weg wäre, wieder herauszuziehen und wieder aufzuhängen. Sie trugen sie deshalb auf ein Schiff und führten sie auf den See. Als sie aber die Glocke hineinwerfen wollten, sagte einer: „Wie wollen wir aber den Ort wiederfinden, wo wir sie hineingeworfen haben?" — „Darum laß dir", sprach der Schultheiß, „kein graues Haar wachsen", zog sein Messer und schnitt eine Kerbe in das Schiff, genau an der Stelle, wo sie die Glocke hinauswarfen, und sagte: „Hier bei diesem Schnitt wollen wir sie wiederfinden."

Nachdem der Krieg aus war, fuhren sie wieder auf den See, die versenkte Glocke zu holen. Da fanden sie den Kerbschnitt an dem Schiffe wohl, aber die Glocke konnten sie nicht finden, auch den Ort im Wasser nicht, wo sie hinabgesenkt worden. Und so fehlt den Lalenburgern noch heute ihre gute Glocke.

Die Schildbürger holen Bauholz

GUSTAV SCHWAB

Die Schildbürger wollten einmal ein Rathaus bauen. Wie nun alles verabredet war, was zu einem so wichtigen Werke notwendig erfordert wird, vereinigten sie sich, gemeinschaftlich das Werk anzugreifen, jeder dem andern zu helfen und nicht eher aufzuhören, als bis der ganze Bau aufgeführt und vollendet sei. Deswegen zogen sie samt und sonders einmütig miteinander ins Holz, das jenseits des Berges in einem Tale gelegen war, und fingen an, nach dem Rate ihres Baumeisters das Holz zu fällen. Als es von den Ästen gesäubert und ordentlich zugerichtet war, da wünschten sie nichts anderes zu haben als eine Armbrust, auf der sie es heimschießen könnten; durch solches Mittel, meinten sie, würden sie unsäglicher Mühe und Arbeit überhoben sein. So aber mußten sie die Arbeit selbst verrichten und schleppten die Bauhölzer nicht ohne viel Schnaufen und Atemholen den Berg hinauf und jenseits wieder mit vieler Mühe hinab; alles bis auf eins, das nach ihrer Ansicht das letzte war. Dieses fesselten sie gleich den andern auch an, brachten es mit Heben, Schieben und Stoßen vor und hinter sich, rechts und links den Berg hinauf und auf der anderen Seite zur Hälfte hinab. Sei es nun aber, daß sie es übersehen hatten oder daß Stricke und Seile zu schwach waren: kurz, das Holz entging ihnen und fing an, von selbst fein allgemach den Berg hinabzurollen, bis es zu den andern Hölzern kam, wo es wie ein anderer Stock stille liegen blieb. Solchem Verstand dieses groben Holzes sahen die Schildbürger bis zu Ende zu und verwunderten sich höchlichst darüber. „Sind wir doch alle", sprach endlich einer unter ihnen, „rechte Narren, daß wir uns solche Mühe gegeben, bis wir die Bäume den Berg hinabgebracht; und erst dieser Klotz mußte uns lehren, daß sie von selbst besser hätten hinuntergehen können!" — „Nun, dem ist Rat zu schaffen", sagte ein anderer; „wer sie hinabgetan hat, der soll sie auch wieder hinauftun! Darum, wer mit mir dran ist, spute sich! Wenn wir erst die Hölzer wieder hinaufgeschoben, so können wir sie alle miteinander wieder hinunterrollen lassen; dann haben wir mit Zusehen unsere Lust und werden für unsere Mühe ergötzt."

Dieser Rat gefiel allen Schildbürgern über die Maßen wohl; sie schämten sich einer vor dem andern, daß er nicht selbst so witzig gewesen, und wenn sie zuvor, als sie das Holz den Berg hinabgebracht, unsägliche Mühe gehabt hatten, so hatten sie gewiß jetzt dreifache Arbeit, bis sie es wieder hinaufbrachten. Nur das eine Holz, das von selbst die Hälfte des Berges hinabgerollt war, zogen sie nicht wieder hinauf, um seiner Klugheit willen. Nachdem sie sich so überschafft hatten und alle Hölzer wieder oben waren, ließen sie diese allmählich, eins nach dem andern, den Berg hinabtaumeln, standen droben und ließen sich den Anblick wohl gefallen. Ja, sie waren ganz stolz auf die erste Probe ihrer Narrheit, zogen fröhlich heim und setzten sich ins Wirtshaus, wo sie ein kleines Loch in den Beutel der Stadt hineinzehrten.

Wer hängt der Katze die Schelle an? ÄSOP

Einst war große Not unter den Mäusen; denn die Katze war schlau, und es schien, als habe sie ihnen allen den Tod geschworen. Da kamen die

Mäuse zusammen und hielten einen Rat. „Was fangen wir an?" sprach die älteste unter ihnen, „unsre Zahl wird täglich kleiner. Bald werden wir von der Erde verschwunden sein. Wie retten wir uns vor der Katze?" „Nichts ist leichter als das", sprach ein kleines Spitznäschen; „ich wüßte wohl zu helfen. Wir hängen der Katze eine Schelle an, dann mag sie kommen. Wir haben alle feine Ohren, und ehe sie uns erblickt, haben wir uns schnell verkrochen."

„Jawohl!" riefen alle Mäuse, setzten sich auf die Hinterfüße und blickten keck und mutig umher.

„Nun gut", sprach die Alte zu der Kleinen, „du hast so schön geraten, so magst du der Katze die Schelle anhängen."

„Ich?" sprach die junge Maus, „nein, das kann ich doch nicht wagen!" „Und ich auch nicht, ich auch nicht!" riefen die andern. Schnell lief die ganze Versammlung auseinander. Die Katze aber geht noch ohne Schelle herum bis auf den heutigen Tag.

Der Katze die Schelle anhängen KARL SIMROCK

Die Mäuse hielten einmal eine Volksversammlung, um sich zu beraten, wie sie den Nachstellungen der Katze entgehen sollten. Da war aber guter Rat teuer, und vergebens rief der Vorsitzende die erfahrensten Mäuse der Gemeinde auf, bis endlich ein junger Mäuserich um die Erlaubnis bat, zu sprechen. Als diesem nun das Wort gegeben ward, hub er an und sprach: „Ich habe lange darüber nachgedacht, warum uns die Katze so gefährlich ist. Das liegt weniger an ihrer Geschwindigkeit, wovon so viel Wesens gemacht wird; würden wir sie zu rechter Zeit gewahr, so wären wir wohl behende genug, in unser Loch zu entspringen, ehe sie uns etwas anhaben könnte. Ihre Überlegenheit liegt vielmehr in ihren samtenen Pfoten, unter denen sie ihre grausamen Krallen so lange zu verbergen weiß, bis sie uns in den Tatzen hat; denn da wir den Schall des Katzentrittes nicht vernehmen, so tanzen und springen wir noch unbesorgt über Tisch und Bänke, wenn der Todfeind schon hervorschleicht und den Buckel zum Sprunge krümmt, uns zu haschen und zu würgen. Darum ist meine Meinung, man müsse der Katze die Schelle anhängen, damit ihr Schall uns ihre Nähe verkünde, bevor es zu spät ist." Dieser Vorschlag fand so großen Anklang, daß er alsbald zum Beschluß erhoben ward. Es fragte sich jetzt nur noch, wer es übernehmen solle, der Katze die Schelle anzuhängen. Der Vorsitzer meinte, hierzu werde niemand geeigneter sein als derjenige, der so schlauen Rat erdacht hätte. Da geriet der junge Mäuserich in Verlegenheit und stotterte die Entschuldigung heraus, hierzu sei er zu jung, er kenne die Katze nicht genug; sein Großvater, der sie besser kenne, werde dazu geschickter sein. Dieser erklärte aber, eben weil er die Katze zu gut kenne, werde er sich wohl hüten, einen solchen Auftrag zu übernehmen. Auch sonst wollte sich niemand hierzu verstehen, und so blieb der Beschluß unausgeführt und die Herrschaft der Katze über die Mäuse ungebrochen.

Eulenspiegel am Rhein

ELSE FRANKE

Eulenspiegel kam einst ins Rheinland. Da traf ihn ein vornehmer Herr, der fragte ihn: „Du bist gewiß der Eulenspiegel, von dem alle Welt zu erzählen weiß?" „Jawohl, Herr!" sagte Eulenspiegel. „Du warst gewiß auf dem Markt in Köln, der ist groß, nicht wahr?" „Ich hatte kein Maß, ihn zu messen", sagte Eulenspiegel. „Ach, so meine ich das doch nicht, ich meine, es waren wohl viele Leute dort?" „Ich hatte keine Zeit, sie zu zählen", sagte Eulenspiegel. Über diese Art zu antworten, ärgerte sich der vornehme Herr, und er beschloß bei sich, Eulenspiegel dafür zu strafen; darum sagte er zu ihm: „Du kennst doch mein Schloß, ich habe da einen feinen Wein im Keller. Wenn du mich besuchst, sollst du einen Zug tun dürfen." „Das werde ich nicht vergessen", sagte Eulenspiegel.
Nach einigen Tagen kam Eulenspiegel auf das Schloß zu dem Herrn. Der hatte seinem Diener schon Auftrag gegeben, wenn Eulenspiegel komme, so solle er ihm im Keller einen Krug Wein geben und ihn einen Zug tun lassen, beim zweiten Zug aber solle er einen Prügel nehmen und tüchtig auf ihn losschlagen. Der Diener führte also Eulenspiegel in den Keller und reichte ihm eine Kanne Wein. Eulenspiegel tat einen langen Zug, als er aber den zweiten tun wollte, ergriff der Diener einen Stock und wollte ihn eben prügeln. Aber Eulenspiegel merkte es noch rechtzeitig, er riß mit aller Kraft den Zapfen aus dem Faß und warf ihn weit weg. Da strömte der edle Wein in den Keller, und der Diener mußte, um ihn zu retten, den Daumen ins Spundloch drücken.
Mittlerweile ergriff aber Eulenspiegel den Stock, prügelte den Diener tüchtig durch und nahm dann noch zwei dicke Schinken, die an der Wand hingen. Die stopfte er sich vorn und hinten in die Jacke und ging so voller Beulen und laut heulend aus dem Schlosse. Der Herr, der sich ans Fenster gestellt hatte, um ihn abziehen zu sehen, rief ihm lachend zu: „So, jetzt hast du wohl für einige Zeit genug?" „Jawohl, Herr", schrie Eulenspiegel, „jetzt haben meine Mutter und ich für mindestens vierzehn Tage genug!"

Ein Schlag zuwenig

ROBERT MÜNCHGESANG

In Nordhausen in Sachsen war Eulenspiegel einmal in einer Herberge, da wurde ein Pferdehandel abgeschlossen, über den er sich sehr ärgerte, denn der Roßhändler betrog den Käufer gewaltig. Da überlegte er, wie er dem Schelm wohl einen Denkzettel dafür geben könnte. Da er nun heraus-bekam, daß der Pferdehändler ein geldgieriger Mensch ohne Ehrgefühl war, so sagte er zu ihm: „Hör, Joseph, es juckt mich, dir die Jacke einmal gründlich vollzuhauen. Ich zähle dir zwanzig Hiebe auf und gebe dir dafür fünfzig Gulden."

Da dachte der Roßhändler: Die fünfzig Gulden sind rasch verdient. Wenn es ihm Spaß macht, mich zu prügeln, so soll es mir nachher um so größere Freude machen, wenn mir seine fünfzig Gulden in der Tasche klimpern.

Sie wurden handelseinig, und Eulenspiegel rief die Bürger herbei, sie möch-ten achtgeben, damit ja kein Unrecht geschehe. Der Betrüger legte sich also auf ein leeres Faß, und Eulenspiegel zählte ihm die Hiebe auf. Die Bürger zählten mit. Dem Roßhändler ward es übel und weh, denn jeder Schlag saß, aber er kniff die Zähne zusammen und dachte: Fünfzig Gulden sind ein schönes Stück Geld.

Eulenspiegel aber schlug ohne Schonung, bis der Spitzbube neunzehn Schläge bekommen hatte. Da hörte er auf, setzte sich an den Tisch und tat, als ob nichts geschehen sei. Da verlangte der Roßhändler seine fünfzig Gulden.

„Behüte", antwortete Till gelassen. „Unser Vertrag ging auf zwanzig Hiebe, die hast du nicht bekommen, daher bin ich dir nichts schuldig."

Nun bat und flehte der Spitzbube um den zwanzigsten Schlag, Eulenspie-gel aber blieb unerbittlich und zog davon.

Eine Zechprellerei

ROBERT MÜNCHGESANG

Von Bamberg aus pilgerte Till Eulenspiegel nach Bayreuth. Dort kam er in eine Herberge, deren Wirt die Klugheit nicht gerade mit Löffeln gefres-sen hatte, wie Till bald bemerkte. Geld besaß Eulenspiegel wie gewöhnlich nicht, dafür hatte er großen Hunger. Der Wirt fragte ihn, ob er ihm ein Schöpplein Wein bringen solle. Dabei entdeckte Eulenspiegel, daß in der Küche Rostwürstchen gebraten wurden. Die rochen gar lieblich. Als nun der Wirt das Schöpplein Wein brachte und ihm mit einem „Geseg'n es Gott" vorsetzte, sagte er schalkhaft: „Lieber Herr Wirt, bringt mir dafür ein Rostwürstlein."

Da nahm der Herbergsvater seinen Wein zurück und brachte ihm ein Rostwürstchen. Das aß Till mit Stumpf und Stiel auf und ging dann seines Weges. An der Tür aber hielt ihn der Wirt zurück und sagte: „Ei, ei, mein werter Gast, das ist hier nicht Brauch, ohne Bezahlung davonzugehen. Zahlt mir vorerst das Rostwürstchen!"

„Das Rostwürstchen zahle ich Euch nicht", antwortete Till rasch, „denn dafür habe ich Euch den Schoppen Wein gegeben."

„Den habt Ihr ja auch nicht bezahlt", sagte der Wirt.

„Ich habe ihn ja auch nicht getrunken", antwortete er und ging davon, so daß der Wirt, dem so etwas nicht recht in den Kopf wollte, das Nachsehen hatte.

Das wohlfeile Mittagessen JOHANN PETER HEBEL

Es ist ein altes Sprichwort: „Wer andern eine Grube gräbt, fällt selbst hinein." — Aber der Löwenwirt in einem gewissen Städtlein war schon vorher darin. Zu diesem kam ein wohlgekleideter Gast. Kurz und trotzig verlangte er für sein Geld eine gute Fleischsuppe. Hierauf forderte er auch ein Stück Rindfleisch und ein Gemüse, für *sein* Geld. Der Wirt fragte ganz höflich: Ob ihm nicht auch ein Glas Wein beliebe? „O freilich ja", erwiderte der Gast, „wenn ich etwas Gutes haben kann für mein Geld." Nachdem er sich alles wohl hatte schmecken lassen, zog er einen abgeschliffenen Sechser aus der Tasche und sagte: „Hier, Herr Wirt, ist *mein* Geld." Der Wirt sagte: „Was soll das heißen? Seid Ihr mir nicht einen Taler schuldig?" Der Gast erwiderte: „Ich habe für keinen Taler Speise von Euch verlangt, sondern für mein Geld. Hier ist *mein* Geld. Mehr hab' ich nicht. Habt Ihr mir zuviel dafür gegeben, so ist's Eure Schuld." — Dieser Einfall war eigentlich nicht weit her; es gehörte nur Unverschämtheit dazu und ein unbekümmertes Gemüt, wie es am Ende ablaufen werde. Aber das Beste kommt noch. „Ihr seid ein durchtriebener Schalk", erwiderte der Wirt, „und hättet wohl etwas anderes verdient. Aber ich schenke Euch das Mittagessen und hier noch ein Vierundzwanzigkreuzerstück dazu. Nur seid stille zur Sache und geht zu meinem Nachbar, dem Bärenwirt, und macht es ihm ebenso." Das sagte er, weil er mit seinem Nachbar, dem Bärenwirt, aus Brotneid im Unfrieden lebte und einer dem andern jeglichen Schaden und Schimpf gern antat und erwiderte. Aber der schlaue Gast griff lächelnd mit der einen Hand nach dem angebotenen Gelde, mit der andern vorsichtig nach der Tür, wünschte dem Wirt einen guten Abend und sagte: „Bei Eurem Nachbar, dem Herrn Bärenwirt, bin ich schon gewesen, und eben der hat mich zu Euch geschickt, und kein anderer."

So waren im Grunde beide hintergangen, und der Dritte hatte den Nutzen davon. Aber der listige Kunde hätte sich noch obendrein einen schönen Dank von beiden verdient, wenn sie eine gute Lehre daraus gezogen und sich miteinander ausgesöhnt hätten. Denn Frieden ernährt, aber Unfrieden verzehrt.

Der Brei aus dem Beil

Russische Erzählung

Ein alter Soldat wanderte auf Urlaub. Vom weiten Weg ermüdet, verlangte ihn mächtig nach Essen. Als er in ein Dorf kam, klopfte er an das letzte Haus.

„Laßt einen Wandersmann ein und eine Weile rasten."

Eine alte Frau öffnete die Tür.

„Komm herein, Soldat!"

„Hast du nicht was zu beißen, Frauchen?"

Die Alte besaß alles im Überfluß, war jedoch zu geizig, dem Soldaten etwas abzugeben, und tat so, als ob sie sterbensarm sei.

„Ach, guter Mann, ich habe heute selbst noch nichts gegessen: es ist rein gar nichts im Haus."

„Na schön, wo nichts ist, da ist nichts", sagte der Soldat.

Da bemerkte er unter der Bank ein Beil ohne Stiel.

„Wenn nichts anderes da ist, kann man auch aus einem Beil Grützbrei kochen."

Die Hausfrau schlug die Hände zusammen:

„Wie könnte man aus einem Beil Grützbrei kochen?"

„Ganz einfach, gib mal einen Kessel her!"

Die Alte brachte den Kessel. Der Soldat wusch das Beil, legte es in den Kessel, goß Wasser darüber und stellte ihn aufs Feuer.

Die Frau schaute dem Soldaten zu und ließ kein Auge von ihm.

Der Soldat langte nach einem Löffel, rührte das kochende Wasser um, kostete.

„Na, wie schmeckt's?" fragte die Alte.

„Wird bald fertig sein", antwortete der Soldat. „Schade, daß kein Salz da ist."

„Salz habe ich. Hier, salze!"

Der Soldat tat Salz hinzu, kostete abermals.

„Wenn man noch eine Handvoll Grütze hineintäte …"

Die Alte brachte ein Säckchen Grütze aus der Kammer.

„Hier hast du, was du brauchst. Tu es hinein!"

Der Soldat kochte, kochte, rührte um, kostete abermals.

Die Alte sah zu, konnte den Blick nicht losreißen.

„Donnerwetter, ein feiner Grützebrei!" lobte der Soldat. „Nur ein bißchen Butter gehörte noch hinein, dann wäre es ein Festschmaus!"

Auch Butter fand sich bei der Alten.

Sie richteten die Grütze an.

„Nimm einen Löffel, Frauchen!"

Sie aßen die Grütze und lobten sie.

„Wirklich, ich hätte nicht gedacht, daß man aus einem Beil einen so guten Grützbrei kochen kann", wunderte sich die Alte.

Der Soldat schmauste und lachte sich eins.

Seltsamer Spazierritt

JOHANN PETER HEBEL

Ein Mann reitet auf seinem Esel nach Haus und läßt seinen Buben zu Fuß nebenher laufen. Kommt ein Wanderer und sagt: „Das ist nicht recht, Vater, daß Ihr reitet und laßt Euern Sohn laufen; Ihr habt stärkere Glieder." Da stieg der Vater vom Esel herab und ließ den Sohn reiten. Kommt wieder ein Wandersmann und sagt: „Das ist nicht recht, Bursche, daß du reitest und lässest deinen Vater zu Fuß gehen. Du hast jüngere Beine." Da saßen beide auf und ritten eine Strecke. Kommt ein dritter Wandersmann und sagt: „Was ist das für ein Unverstand, zwei Kerle auf einem schwachen Tiere? Sollte man nicht einen Stock nehmen und euch beide hinabjagen?" Da stiegen beide ab und gingen selbdritt zu Fuß, rechts und links der Vater und Sohn und in der Mitte der Esel. Kommt ein vierter Wandersmann und sagt: „Ihr seid drei kuriose Gesellen. Ist's nicht genug, wenn zwei zu Fuß gehen? Geht's nicht leichter, wenn einer von euch reitet?" Da band der Vater dem Esel die vorderen Beine zusammen, und der Sohn band ihm die hinteren Beine zusammen, zogen einen starken Baumpfahl durch, der an der Straße stand, und trugen den Esel auf der Achsel heim.

So weit kann's kommen, wenn man es allen Leuten will recht machen.

Der vorsichtige Träumer

JOHANN PETER HEBEL

In dem Städtlein Witlisbach im Kanton Bern war einmal ein Fremder über Nacht, und als er ins Bett gehen wollte und bis auf das Hemd ausgekleidet war, zog er noch ein Paar Pantoffeln aus dem Bündel, legte sie an, band sie mit den Strumpfbändern an den Füßen fest und legte sich also in das Bett. Da sagte zu ihm ein anderer Wandersmann, der in der nämlichen

Kammer übernachtete: „Guter Freund, warum tut Ihr das?" Darauf erwiderte der erste: „Wegen der Vorsicht. Denn ich bin einmal im Traum in eine Glasscherbe getreten. So habe ich im Schlaf solche Schmerzen davon empfunden, daß ich um keinen Preis mehr barfuß schlafen möchte."

Die beiden Wundermänner JEREMIAS GOTTHELF

Kürzlich erschienen zwei junge Ärzte in einer kleinen Stadt, welche wahrscheinlich in einer großen keine Anstellung erhalten hatten, und wollten dort Wunder tun, denn sie kündigten an, daß sie nicht nur fast jede Krankheit zu heilen imstande wären, sondern auch Tote wieder zu erwecken vermöchten. Anfangs lachten die Leute in der kleinen Stadt, aber die Bestimmtheit, mit welcher die beiden Fremden von ihrer Kunst sprachen, machte die Leute bald bedenklich; als dieselben gar erklärten, sie wären bereit, nach drei Wochen an dem und dem Tage auf dem Gottesacker irgendeinen Toten, den man bezeichne, wieder in das Leben zu rufen, und als sie zu größerer Sicherheit selbst darauf antrugen, man möchte sie drei Wochen über bewachen, damit sie nicht entweichen könnten, geriet das Städtchen in eine seltsame Aufregung. Je näher der entscheidende Tag herankam, um so mehr wuchs erst geheim, dann öffentlich der Glaube, bis endlich die Vernünftigen nicht einmal mehr ihre Zweifel äußern durften.

Am Tage vor dem großen Wunder auf dem Kirchhofe erhielten die beiden Freunde einen Brief von einem angesehenen Manne der Stadt, darin hieß es: „Ich hatte eine Frau, die ein Engel war, aber mit vielerlei Leiden und Gebrechen war sie behaftet. Meine Liebe zu ihr war unbeschreiblich; aber eben um dieser Liebe willen gönne ich ihr die ewige Ruhe, es wäre schrecklich für sie, die jetzt so glücklich sein wird, wenn sie in ihre zerrüttete Hülle zurückkehren müßte. Ich zittere vor dem Gedanken, daß es vielleicht gerade meine Frau sein könnte, welche Sie bei Ihrem Versuche auf dem Kirchhofe wieder ins Leben zurückbringen. Verschonen Sie um Gottes willen die Selige mit Ihrer Kunst und erlauben Sie mir, daß ich Ihnen beiliegende fünfzig Louisdor zustelle, als ob die Sache wirklich geschehen wäre!" Dieser Brief war der erste, eine Menge ähnlichen Inhalts folgte ihm nach. Ein Neffe war schrecklich besorgt um seinen Onkel, den er beerbt hatte. Schrecklich sei es dem lieben Onkel sein Lebtag gewesen, schrieb er, wenn ihn jemand geweckt hätte; was er erst jetzt empfinden müßte, wenn jemand ihn aus dem Todesschlaf wecken würde! Er halte es in seiner Pflicht, ihn vor solcher Gewalttat zu schützen, indessen erbiete er sich zu einer ansehnlichen Entschädigung. Untröstliche Witwen erschienen persönlich mit inständigen Bitten, nichts gegen Gottes Willen, in den sie sich mit unglaublichen Anstrengungen zu schicken begönnen, zu tun, es könnte nicht gut kommen.

In der allergrößten Angst jedoch waren die beiden Ärzte des Städtchens; sie liefen umher wie brönnig Manne, sie fürchteten, ihre Patienten, welche sie unter die Erde gebracht, möchten wieder zum Vorschein kommen und ausschwatzen, was sie jenseits vernommen.

Der Bürgermeister, der noch nicht lange im Amt war und manchen Vorgänger unterm Boden hatte, erhob sich endlich auf einen allgemeinen Standpunkt; er bedachte, daß unter so bewandten Umständen die Ruhe der Stadt durchaus nicht zu erhalten wäre, wenn die Toten wieder zum Vorschein kommen sollten. Er erließ daher ein halb offizielles Schreiben an die beiden Wundermänner, in welchem er sie aufforderte, in der ihm von Gott anvertrauten Stadt von ihrer Kunst keinen Gebrauch zu machen, sondern sogleich abzureisen und hier es beim alten bewenden zu lassen. Dagegen erbot er sich, ihnen viel Geld aus dem allgemeinen Säckel zu zahlen und ihnen ein Zeugnis auszustellen, daß sie wirklich imstande seien, Tote aufzuerwecken. Die beiden Wundermänner antworteten, aus Gefälligkeit, und weil er es wäre, wollten sie sich mit dem Anerbieten begnügen, nahmen Geld und Zeugnis und schoben sich. Es heißt, sie hätten ihren Weg nach der Schweiz genommen.

WORTERKLÄRUNG: brönnig Mann = brennender Mann, Irrwisch, Gespenst.

Die Gans   LUDWIG FINCKH

Damals, als der Großvater noch jung war, gab es Schlagbäume und Brükkengeld und Zoll zwischen den deutschen Staaten allen, auch zwischen Württemberg und Baden.

Damals also nahm der Großvater an einem Sontagmorgen eine fette Gans, drehte ihr den Kragen um und warf sie ins Stroh auf das Berner Wägelein, mit dem er ins Badische zu seinem Bruder fahren wollte. Auf den Rücksitz setzte sich das Mariele, seine fünfzehnjährige Tochter, brav und sittsam, und er selbst nahm die Peitsche auf dem Kutscherbock.

Der Großvater war ein ehrlicher Mann, der dem Kaiser gab, was des Kaisers war, und der den Staat nicht um seinen Preis und Lohn bringen wollte, wenigstens nicht den eigenen.

An der Grenze läßt der Zöllner den Schlagbaum herunter.

„Was zu verzollen?"

„Weiß nicht", sagte der Großvater, „ich habe nichts als die Gans dahinten." — Und er weist mit dem Peitschenstiel nach rückwärts.

Das Mariele wird puterrot, das steht ihr gut — und der Zöllner lacht und macht den Schlagbaum auf.

„Ab!" sagt er. „Die kost' keinen Zoll!"

Eulenspiegel im Bienenkorb HANS RUBBERT

Einst ging Eulenspiegel mit seiner Mutter in ein Dorf zur Kirchweih. Da trank er sich einen tüchtigen Rausch an und ging hinaus, um ein Winkelchen zu suchen, wo er ruhig schlafen könnte. Er fand hinten im Hofe eine Menge Bienenkörbe stehen; daneben lagen andere, die leer waren. Also kroch er in einen leeren Korb und legte sich, ein wenig zu schlafen, schlief aber von Mittag bis Mitternacht. Da seine Mutter ihn nirgends sah, meinte sie, er sei nach Hause gegangen.

In derselben Nacht kamen zwei Diebe, die einen Bienenstock stehlen wollten; sie flüsterten zusammen: „Ich habe mal gehört, der schwerste ist auch der beste!" und hoben einen nach dem anderen auf, bis sie an den Korb kamen, in welchem Eulenspiegel lag. Da sprachen sie: „Das ist der beste Stock!", nahmen ihn und trugen ihn fort.

Unterdessen war Eulenspiegel erwacht und hatte ihre Reden gehört. Es war so finster, daß keiner den anderen sehen konnte. Da griff Eulenspiegel aus dem Korbe und zog den Vordermann am Haar mit einem tüchtigen Rupf. Der wurde zornig, weil er meinte, sein Gesell habe ihn gezogen, und fing an, auf ihn zu schimpfen. Der Hintermann sprach: „Träumt dir oder gehst du im Schlaf? Wie soll ich dich am Haar zupfen, da ich kaum den Bienenstock in den Händen halten kann?"

Eulenspiegel lachte bei sich und dachte: „Das wird gut werden." Als sie eine Ackerlänge weitergegangen waren, gab er auch dem Hintermann einen tüchtigen Rupf am Haar, daß der sich krümmte und noch zorniger wurde und sprach: „Ich trage, daß mir der Hals knackt, und du ziehst mich so unmenschlich am Haar?" — „Das lügst du", sagte der Vordere, „wie sollte ich dich ziehen? Ich kann ja kaum den Weg vor mir sehen. Du hast mich vorhin gezupft, das weiß ich gewiß."

So gingen sie zankend und keifend mit dem Korb vorwärts. Nicht lange danach, als sie gerade im größten Zanken waren, zog Eulenspiegel den Vordermann noch einmal so heftig, daß er mit dem Kopf hart an den Bienenkorb stieß. Da ließ dieser den Korb fallen und schlug dem anderen im Finstern mit den Fäusten nach dem Kopf. Der aber fiel ihm ins Haar, und nun balgten sie sich so wütend miteinander herum, daß sie sich schließlich beide in der Dunkelheit verloren und keiner wußte, wo der andere blieb. Da liefen sie in die Nacht hinein und ließen den Korb liegen.

Nun lugte Eulenspiegel heraus, und als er merkte, daß sie fort waren, kroch er wieder zurück und blieb ruhig in dem Korbe liegen, bis es heller Tag war. Da kam er heraus und wußte nicht, wo er war. So ging er, wohin der Weg ihn führte.

Eulenspiegel als Bäckergesell HANS RUBBERT

Als Eulenspiegel nach Braunschweig in die Herberge kam, wohnte nahe dabei ein Bäcker; der rief ihn in sein Haus und fragte ihn, was er für ein Handwerksmann sei. „Ich bin ein Bäckergesell", sprach Eulenspiegel. Da sagte der Brotbäcker: „Ich habe eben keinen Gesellen; willst du bei mir arbeiten?" — „Gern", sagte Eulenspiegel.

Als er nun zwei Tage bei ihm gewesen war, hieß ihn eines Abends der Meister backen bis zum Morgen, denn er könne ihm nicht helfen. „Gut", sprach Eulenspiegel, „aber was soll ich backen?" Der Bäcker aber wurde zornig und spottete: „Bist du ein Bäckergesell und fragst erst, was du bakken sollst? Was pflegt man denn zu backen? Eulen und Meerkatzen." Damit ging er schlafen.

Eulenspiegel aber lief in die Backstube und machte den Teig zu lauter Eulen und Meerkatzen, die ganze Backstube voll, und buk die. Wie nun der Meister am Morgen aufstand und ihm helfen wollte, da fand er in der Backstube weder Brot noch Semmeln, sondern nichts als Eulen und Meerkatzen. Da rief er zornig: „Hol' dich der Kuckuck! Was hast du gebacken?" — „Wie Ihr mich's geheißen habt", sprach Eulenspiegel, „Eulen und Meerkatzen." — „Was soll ich mit der Narretei?" schrie der Bäcker, „für solches Zeug bekomme ich kein Geld. Bezahl mir den Teig, du Schelm!"

„Ja", sagte Eulenspiegel, „wenn ich Euch den Teig bezahle, soll dann die Ware mein sein, die ich daraus gebacken habe?" Der Meister sprach: „Was soll ich mit solcher Ware?" Da bezahlte Eulenspiegel den Teig, nahm seine Eulen und Meerkatzen und trug sie in einem Korbe aus dem Haus in die Herberge „Zum wilden Mann".

Dort dachte er bei sich selber: „Ich hab' oft gehört, man könne noch so Seltsames in Braunschweig feilbieten, man verkauft es doch." Es war gerade am Abend vor St. Nikolaus; das ist ein Festtag. Da setzte sich Eulenspiegel vor die Kirche mit seiner Ware, verkaufte alle die Eulen und Meerkatzen und bekam viel mehr Geld dafür, als er dem Bäcker für den Teig gegeben hatte. Als der Bäcker das erfuhr, verdroß es ihn. Er lief hin vor die Kirche und wollte die Backkosten von Eulenspiegel fordern. Der aber war schon mit dem Gelde auf und davon, und der Bäcker hatte das Nachsehen.

Der Hirsch mit dem Kirschbaum

GOTTFRIED AUGUST BÜRGER

In Rußland, wo es viele große Waldungen gibt, hatte ich oft die beste Gelegenheit, meiner Jagdlust nachzugehen. Einst, als ich all mein Blei verschossen hatte, stieß mir ganz wider mein Vermuten der stattlichste Hirsch von der Welt auf. Er blickte mir so mir nichts dir nichts ins Auge, als ob er's auswendig gewußt hätte, daß mein Beutel leer war. Augenblicklich lud ich indessen meine Flinte mit Pulver und darüberher eine ganze Handvoll Kirschsteine, wovon ich, so hurtig sich das tun ließ, das Fleisch abgezogen hatte. Und so gab ich ihm die volle Ladung mitten auf seine Stirn zwischen das Geweih. Der Schuß betäubte ihn zwar, er taumelte, machte sich aber doch aus dem Staube.

Ein oder zwei Jahre danach war ich in eben demselben Walde auf der Jagd, und siehe, zum Vorschein kam ein stattlicher Hirsch mit einem vollausgewachsenen Kirschbaum, mehr denn zehn Fuß hoch, zwischen seinem Geweihe. Mir fiel gleich mein voriges Abenteuer wieder ein. Ich betrachtete den Hirsch als mein längst wohlerworbenes Eigentum und legte ihn mit einem Schusse zu Boden, wodurch ich denn auf einmal an Braten und Kirschtunke zugleich geriet; denn der Baum hing reichlich voll Früchte, die ich in meinem ganzen Leben so delikat nicht gegessen hatte.

Eine Entenjagd

GOTTFRIED AUGUST BÜRGER

Einst sah ich auf einem Landsee einige Dutzend wilder Enten. Sie schwammen so zerstreut umher, daß ich nicht hoffen konnte, mehr als eine einzige auf einen Schuß zu erlegen, und zum Unglück hatte ich meinen letzten Schuß schon in der Flinte. Ich hätte sie aber gern alle gehabt.

Da besann ich mich auf ein Stückchen Schinkenspeck, das von dem mitgenommenen Mundvorrat in meiner Jagdtasche noch übriggeblieben war. Dies befestigte ich an einer ziemlich langen Hundeleine, die ich aufdrehte und so wenigstens noch um viermal verlängerte. Nun verbarg ich mich im Schilf des Ufers, warf meinen Speckbrocken aus und hatte das Vergnügen, zu sehen, wie die nächste Ente hurtig herbeischwamm und ihn verschlang. Der ersten folgten bald alle übrigen nach, und da der glatte Brocken am Faden gar bald verdaut hinten wieder herauskam, so verschlang ihn die nächste und so immer weiter. Kurz, der Brocken machte die Reise durch alle Enten samt und sonders hindurch, ohne von seinem Faden loszureißen. So saßen sie denn alle daran wie die Perlen an der Schnur. Ich zog sie ganz allerliebst ans Land, schlang mir die Schnur ein halbes dutzendmal um Schultern und Leib und ging meines Weges nach Hause zu. Da ich noch eine ziemliche Strecke davon entfernt war und mir die Last von einer solchen Menge Enten ziemlich beschwerlich fiel, so wollte es mir fast leid tun, ihrer allzuviel eingefangen zu haben. Da kam mir aber ein seltsamer Vorfall zustatten, der mich anfangs in nicht geringe Verlegenheit setzte.

Die Enten waren nämlich noch alle lebendig. Als sie sich von der ersten Bestürzung erholt hatten, fingen sie an, gar mächtig mit den Flügeln zu schlagen und sich mit mir hoch in die Luft zu erheben. Nun wäre bei manchem wohl guter Rat teuer gewesen. Allein ich benutzte diesen Umstand, so gut ich konnte, zu meinem Vorteil und ruderte mit meinen Rockschößen nach der Gegend meiner Behausung durch die Luft. Als ich nun gerade über meiner Wohnung angelangt war und es darauf ankam, ohne Schaden mich hinunterzulassen, so drückte ich einer Ente nach der andern den Kopf ein. Dadurch sank ich ganz allmählich gerade durch den Schornstein meines Hauses mitten auf den Küchenherd, auf dem zum Glück noch kein Feuer angezündet war, zu nicht geringem Schreck und Erstaunen meines Koches.

Das Pferd an der Kirchturmspitze

GOTTFRIED AUGUST BÜRGER

Eine Reise nach Rußland trat ich mitten im Winter an, weil ich ganz richtig schloß, daß Frost und Schnee die Wege durch die nördlichen Gegenden verbessern müßten. Ich reiste zu Pferde, was die bequemste Art zu reisen ist, wenn es sonst nur gut um Gaul und Reiter steht.

Eines Tages ritt ich, bis Nacht und Dunkelheit mich überfielen. Nirgends war ein Dorf zu hören noch zu sehen. Das ganze Land lag unter Schnee, und ich wußte weder Weg noch Steg. Des Reitens müde, stieg ich endlich ab und band mein Pferd an eine Art von spitzem Baumstaken, der über dem Schnee hervorragte. Zur Sicherheit nahm ich meine Pistolen unter den Arm, legte mich nicht weit davon in den Schnee nieder und tat ein so gesundes Schläfchen, daß mir die Augen nicht eher wieder aufgingen, als bis es heller, lichter Tag war.

Wie groß aber war mein Erstaunen, als ich fand, daß ich mitten in einem Dorf auf dem Kirchhof lag! Mein Pferd war anfänglich nirgends zu sehen; doch hörte ich's bald darauf irgendwo über mir wiehern. Als ich nun empor- sah, wurde ich gewahr, daß es an den Wetterhahn des Kirchturms gebun- den war und von da herunterhing. Nun wußte ich sogleich, wie ich dran war. Das Dorf war nämlich die Nacht über ganz zugeschneit gewesen; das Wetter hatte sich auf einmal umgesetzt; ich war im Schlaf nach und nach, sowie der Schnee zusammengeschmolzen war, ganz sanft herabgesunken. Was ich in der Dunkelheit für den Stumpf eines Bäumchens, der über dem Schnee hervorragte, gehalten und woran ich mein Pferd gebunden hatte, das war der Wetterhahn des Kirchturms gewesen. Ohne mich nun lange zu bedenken, nahm ich eine von meinen Pistolen, schoß nach dem Halfter, kam glücklich auf die Art wieder zu meinem Pferde und verfolgte meine Reise.

WORTERKLÄRUNG: Staken = Stange, Pfahl.

Abenteuer im Mittelländischen Meer

GOTTFRIED AUGUST BÜRGER

Einst war ich in großer Gefahr, im Mittelländischen Meer umzukom- men. Ich badete mich nämlich an einem Sommernachmittage unweit Mar- seille in der angenehmen See, als ich einen großen Fisch mit weit aufge- sperrtem Rachen in der größten Geschwindigkeit auf mich daherschießen sah. Zeit war hier schlechterdings nicht zu verlieren, auch war es durchaus unmöglich, ihm zu entkommen. Unverzüglich drückte ich mich so klein zusammen als möglich, indem ich meine Füße heraufzog und die Arme dicht an den Leib schloß. In dieser Stellung schlüpfte ich denn gerade zwi- schen seinen Kiefern hindurch bis in den Magen hinab. Hier brachte ich, wie man leicht denken kann, einige Zeit in gänzlicher Finsternis, aber doch in einer nicht unbehaglichen Wärme zu. Da ich ihm nach und nach Magendrücken verursachen mochte, so wäre er mich wohl gern wieder los gewesen. Weil es mir gar nicht an Raume fehlte, so spielte ich ihm durch Tritt und Schritt, durch Hopp und He gar manchen Possen. Nichts schien ihn aber mehr zu beunruhigen als die schnelle Bewegung meiner Füße, da ich's versuchte, einen schottischen Triller zu tanzen. Ganz entsetzlich schrie er auf und erhob sich fast senkrecht mit seinem halben Leibe aus dem Wasser. Hierdurch ward er aber von dem Volke eines vorbeisegelnden italienischen Kauffahrteischiffes entdeckt und in wenigen Minuten mit

Harpunen erlegt. Sobald er an Bord gebracht war, hörte ich das Volk sich
beratschlagen, wie sie ihn aufschneiden wollten, um das Öl von ihm zu
gewinnen. Da ich nun Italienisch verstand, so geriet ich in die schrecklichste
Angst, daß ihre Messer auch mich mit aufschneiden möchten. Daher stellte
ich mich so viel wie möglich in die Mitte des Magens, worin für mehr als
ein Dutzend Mann hinlänglich Platz war, weil ich mir wohl einbilden
konnte, daß sie mit den Extremitäten den Anfang machen würden. Meine
Furcht verschwand indessen bald, da sie mit Öffnung des Unterleibes an-
fingen. Sobald ich nur ein wenig Licht schimmern sah, schrie ich ihnen aus
voller Lunge entgegen, wie angenehm es mir wäre, die Herren zu sehen
und durch sie aus einer Lage erlöst zu werden, in welcher ich beinahe er-
stickt wäre. Unmöglich läßt sich das Erstaunen auf allen Gesichtern lebhaft
genug schildern, als sie eine Menschenstimme aus einem Fische heraus vernahmen. Dies wuchs natürlicherweise noch mehr, als sie lang und breit
einen nackenden Menschen herausspazieren sahen. Kurz, meine Herren,
ich erzählte ihnen die ganze Begebenheit, so wie ich sie Ihnen jetzt erzählt
habe, worüber sie sich denn alle fast zu Tode verwundern wollten.
Nachdem ich einige Erfrischungen zu mir genommen hatte und in die See
gesprungen war, um mich abzuspülen, schwamm ich nach meinen Kleidern,
welche ich auch am Ufer ebenso wiederfand, wie ich sie gelassen hatte. Soviel ich rechnen konnte, war ich ungefähr dreieinhalb Stunden in dem
Magen dieser Bestie eingekerkert gewesen.

Vom Weilheimer Landrichter   JOSEF HOFMILLER

Es war ein Landrichter zu Weilheim, der wollte schon lange einen Esel
haben, und obgleich viele Tiroler mit Eseln durch Weilheim fuhren, so
bekam er doch keinen, weil die Tiroler immer zuviel für einen solchen
begehrten. Eines Tages geschah es, daß der Herr Landrichter auf der Bank
vor der Haustür saß, als gerade wieder ein Tiroler mit einem wahren
Muster von Esel vorbeifuhr. Der Landrichter gab sogleich einen Wink, daß
der Tiroler halten solle, und fragte ihn, ob der Esel nicht feil sei. „Warum
nicht?" sagte der Tiroler, „um fünfzig Gulden sollt Ihr ihn haben." — „Der
ist mir zu teuer", erwiderte der Landrichter nach gewohnter Weise, indem
er zu gleicher Zeit in den Wagen des Eseltreibers schaute und darinnen so
große gelbe Kugeln erblickte, wie er sein Lebtag noch nie gesehen hatte.
„Ei, was habt Ihr denn da für Seltenheiten?" fragte der neugierige Herr.
„Ja", sagte der Tiroler, „das sind Eselseier, die mein Grauschimmel heute
nacht gelegt hat." — „Wie teuer das Stück?" entgegnete rasch der Land-

richter. „Zwölf Gulden ist nicht zuviel", antwortete der Tiroler. „Ei, so laßt mir ein Ei statt des Esels ab, erklärt mir aber noch, wie der Esel aus dem Ei hervorgeht!" Darauf versetzte der Tiroler: „Das ist nicht schwer. Ihr tragt das Eselsei auf den Gogelberg (bei Weilheim), setzt Euch selber darauf und haltet es warm, bis der Esel herauskommt." Also war der Landrichter seines guten Einkaufs froh, und der Eselstreiber zog guter Dinge von dannen. Das Eselsei war aber nichts anderes als ein großer, gelber Kürbis; diesen trug der Herr Landrichter nach Vorschrift auf den Gogelberg, setzte sich darauf und harrte der Dinge, die da kommen sollten.

Als er aber bereits eine gute halbe Stunde auf seinem Eselsei gesessen, also daß ihm der Schweiß von der Stirne tropfte, geschah es durch seine Unruhe, daß ihm der Kürbis entschlüpfte, über den Berg hinabrollte und zufällig in eine Staude hineinfuhr, aus der sogleich ein erschrecktes Häslein hervorsprang. Als dieses der Landrichter erblickte, schrie er vor Freuden einmal über das andermal: „Esel, daher; Esel, daher!" Aber der Esel wollte nicht hören, sondern nahm Reißaus in das Feld hinein. Der Herr Landrichter schaute ihm noch lange nach, bis er endlich seines Irrtums gewahr ward und sich zornig nach Hause begab, den Betrüger von einem Eselstreiber zur verdienten Strafe zu ziehen. Aber der Mann war klüger als der Landrichter gewesen und hatte sich beizeiten aus dem Staube gemacht. Also blieb dem Betrogenen die gute Lehre, in Zukunft keine Eselseier mehr zu kaufen.

7. WER IST STÄRKER?

Die Sonne und der Wind JOHANN GOTTFRIED HERDER

Einst stritten sich die Sonne und der Wind, wer von ihnen beiden der Stärkere sei, und man ward einig, derjenige solle dafür gelten, der einen Wanderer, den sie eben vor sich sahen, am ersten nötigen würde, seinen Mantel abzulegen.

Sogleich begann der Wind zu stürmen; Regen und Hagelschauer unterstützten ihn. Der arme Wanderer jammerte und zagte; aber immer fester wickelte er sich in seinen Mantel ein und setzte seinen Weg fort, so gut er konnte.

Jetzt kam die Reihe an die Sonne. Mit milder und sanfter Glut ließ sie ihre Strahlen herabfallen. Himmel und Erde wurden heiter; die Lüfte erwärmten sich. Der Wanderer vermochte den Mantel nicht länger auf seinen Schultern zu erdulden. Er warf ihn ab und erquickte sich im Schatten eines Baumes, während die Sonne sich ihres Sieges erfreute.

Der Igel LAURENZ KIESGEN

Im Unterholz am Waldrande war es schon dunkel, aber nun begann dort das Leben. „Uff!" sagte der Maulwurf und hob den spitzen Rüssel schnuppernd aus dem schwarzen Mulm, „jetzt darf unsereins auch einmal richtig Luft schnappen. Den ganzen Tag das Zeug da unten jagen — es ist keine angenehme Sache, und es schmeckt nicht einmal gut. Doch Hunger ist ein scharfes Schwert. Das gemeinste aber ist, daß der Mensch, dem wir, wie ich gehört habe, durch unsere Jagd nützen, uns verfolgt und tötet."

„Und uns erst!" rief die Fledermaus, die am Aste einer Eiche hing und eben gähnend aus dem Schlafe erwachte, „uns sagt er nach, wir krallten uns in seine Haare, wir fräßen seine Würste im Rauchfang und dergleichen Blödsinn. Und dabei fangen wir ihm das Ungeziefer in der Luft weg, Motten und Mücken und Käfer. Undank ist unser Lohn. Und ... Achtung!" unterbrach sie sich, ließ den Ast los und flatterte schleunigst davon. Auch der Maulwurf war plötzlich in der Erde verschwunden.

Der Igel, der die Ursache dieses schnellen Verschwindens war, lachte, daß sein Stachelpanzer zitterte. Er hatte schon eine Weile still unter dem Laube gelegen und dem Gespräche gelauscht.

„Es ist immer gut, wenn man auf die andern Eindruck macht", sagte er. „Falls man sie nicht, was ich allerdings vorziehe, auffressen kann, ist es schon ein erhebendes Gefühl, daß mein Erscheinen genügt, sie in die Flucht zu jagen. Und Feinde? Pah, ich fürchte nicht Hund, nicht Fuchs, nicht Eule! Und auch die Menschen nicht. Auch sie können mir so leicht nichts anhaben! Wenn es mir mal zuviel wird, kapsele ich mich ein. Rundum Stacheln — und in der Mitte ich! Das hilft mir über alles hinweg . . . hoppla!" und mit geschicktem Sprung faßte er eine neugierige Maus und verspeiste sie.

Vom Frosch und der Maus   MARTIN LUTHER

Eine Maus wäre gern über einem Wasser gewesen. Aber sie konnte nicht und bat einen Frosch um Rat und Hilfe. Der Frosch aber war ein Schalk und sprach zur Maus: „Binde deinen Fuß an meinen Fuß, so will ich schwimmen und dich hinüberziehen."
Da sie aber auf das Wasser kamen, tauchte der Frosch hinunter und wollte die Maus ertränken. Indem die Maus aber sich wehrt und arbeitet, fliegt ein Weih daher, erhascht die Maus, zieht den Frosch auch mit heraus und frißt sie beide.

Der Fuchs und die Katze   BRÜDER GRIMM

Es trug sich zu, daß die Katze in einem Walde dem Herrn Fuchs begegnete, und weil sie dachte: Er ist gescheit und wohl erfahren und gilt viel in der Welt, so sprach sie ihm freundlich zu. „Guten Tag, lieber Herr Fuchs, wie geht's, wie steht's? Wie schlagt Ihr Euch durch in dieser teuren Zeit?" Der Fuchs, allen Hochmutes voll, betrachtete die Katze vom Kopf bis zu den Füßen und wußte lange nicht, ob er eine Antwort geben solle. Endlich sprach er: „Oh, du armseliger Bartputzer, du buntscheckiger Narr, du Hungerleider und Mäusejäger, was kommt dir in den Sinn? Du unterstehst dich zu fragen, wie mir's gehe? Was hast du gelernt? Wieviel Künste verstehst du?" — „Ich verstehe nur eine einzige", antwortete bescheiden die Katze. — „Was ist das für eine Kunst?" fragte der Fuchs. — „Wenn die Hunde hinter mir her sind, so kann ich auf einen Baum springen und mich retten." — „Ist

das alles?" sagte der Fuchs. „Ich bin der Herr über hundert Künste und habe überdies noch einen Sack voller Listen. Du jammerst mich. Komm mit mir, ich will dich lehren, wie man den Hunden entgeht."
Indem kam ein Jäger mit vier Hunden daher. Die Katze sprang behend auf einen Baum und setzte sich in den Wipfel, wo Äste und Laubwerk sie völlig verbargen. „Bindet den Sack auf, Herr Fuchs, bindet den Sack auf!" rief ihm die Katze zu. Aber die Hunde hatten ihn schon gepackt und hielten ihn fest. „Ei, Herr Fuchs", rief die Katze, „Ihr bleibt mit Euren hundert Künsten stecken. Hättet Ihr hinaufklettern können wie ich, so wär's nicht um Euer Leben geschehen."

Von dem Esel und dem Löwen   HEINRICH STEINHÖWEL

Ein Esel traf einen Löwen und sprach zu ihm: „Wir wollen miteinander hinaufgehen bis an den Gipfel des Berges, da will ich dir zeigen, wieviel Tiere mich fürchten." Der Löwe lachte über seine Worte und sprach: „Wohlan, gehen wir!" Da sie aber hinaufkamen, fing der Esel an zu schreien mit grober Stimme, nach Eselsart. Als das die Füchse und die Hasen hörten, flohen sie alle. Da sprach der Esel: „Schau, wie die mich fürchten!" Sprach der Löwe: „Das wundert mich nicht; denn deine Stimme würde mich auch erschreckt haben, wenn ich nicht gewußt hätte, daß du ein Esel bist."

Der Hahn, der Hund und der Fuchs   WILHELM CURTMANN

Ein Hund und ein Hahn schlossen Freundschaft und wanderten zusammen in die Fremde. Eines Abends konnten sie kein Haus erreichen und mußten im Walde übernachten. Der Hund sah endlich eine hohe Eiche, worin für ihn eine treffliche Schlafkammer war. „Hier wollen wir bleiben", sagte er zu seinem Reisegefährten. „Ich bin es zufrieden", sagte der Hahn, „aber ich schlafe gern in der Höhe." Damit flog er auf einen Ast, wünschte dem anderen gute Nacht und setzte sich zum Schlafen. Als es Morgen werden wollte, fing der Hahn an zu krähen, denn er dachte: Es ist bald Zeit zum Weiterreisen. Das Kikeriki hatte der Fuchs gehört, dessen Wohnung nicht weit davon war, und schnell war er da, um den Hahn zu fangen. Denn ihr wißt ja, daß der Fuchs ein Hühnerdieb ist. Da er den Hahn so hoch sitzen sah, dachte er: Den muß man durch gute Worte herunterlocken, denn so hoch kann ich nicht klettern! Gut; mein Füchschen macht sich ganz höflich herbei und spricht: „Ei, guten Morgen, lieber Herr Vetter! Wie kommen Sie hierher? Ich habe Sie gar zu lange nicht gesehen. Aber Sie haben sich da eine gar unbequeme Wohnung gewählt; und wie es scheint, haben Sie auch noch nichts gefrühstückt. Wenn es Ihnen gefällig ist, mit in mein Haus zu kommen, so werde ich Ihnen mit ganz frisch gebackenem Brot aufwarten." Der Hahn aber kannte den alten Schelm und hütete sich, hinunterzufliegen. „Ei", sagte er, „wenn Sie ein Vetter von mir sind, so werde ich recht gerne mit Ihnen frühstücken; aber ich habe noch einen Reisegefährten. Der hat die Türe zugeschlossen. Wollen Sie so gefällig sein, diesen zu wecken, so können wir gleich zusammen mitgehen." Der Fuchs, welcher meinte, er könne noch einen zweiten Hahn erwischen, lief schnell nach der Öffnung, wo der Hund lag. Dieser war aber wach und hatte alles angehört, was der Fuchs gesprochen hatte, um den Hahn zu betrügen, und freute sich sehr, den alten Betrüger jetzt strafen zu können. Ehe der Fuchs es sich versah, sprang der Hund hervor, packte ihn an der Kehle und biß ihn tot. Dann rief er seinen Freund vom Baume herunter und sagte: „Wenn du allein gewesen wärest, so hätte dieser Bösewicht dich umgebracht. Aber laß uns eilen, daß wir aus dem Walde kommen."

Warum der Hund und die Katze einander feind sind

Chinesisches Märchen

Ein Mann und eine Frau hatten einen goldenen Ring. Das war ein Glücksring, und wer ihn besaß, hatte immer genug zu leben. Sie wußten es aber nicht und verkauften den Ring für wenig Geld. Kaum war der Ring aus dem Hause, da wurden sie immer ärmer und wußten schließlich nicht mehr, woher sie genug zum Essen nehmen sollten. Sie hatten auch einen Hund und eine Katze, die mußten mit ihnen Hunger leiden. Da ratschlagten die Tiere miteinander, wie sie den Leuten wieder zu ihrem alten Glück verhelfen könnten. Schließlich fand der Hund einen Rat.
„Sie müssen den Ring wiederhaben", sagte er zur Katze.
Die Katze sprach: „Der Ring ist wohlverwahrt in einem Kasten, wo niemand dazu kann."
„Fange du eine Maus", sagte der Hund. „Die Maus soll den Kasten aufnagen und den Ring herausholen. Sag ihr, wenn sie nicht wolle, so beißest du sie tot, dann wird sie's schon tun."
Dieser Rat gefiel der Katze, und sie fing eine Maus. Nun wollte sie mit der Maus zu dem Haus, wo der Kasten stand, und der Hund ging hinterdrein. Da kamen sie an einen großen Fluß. Und weil die Katze nicht schwimmen

konnte, nahm sie der Hund auf den Rücken und schwamm mit ihr hinüber. Die Katze trug die Maus zu dem Haus, wo der Kasten stand. Die
Maus nagte ein Loch in den Kasten und holte den Ring heraus. Die Katze
nahm den Ring ins Maul und kam zurück zu dem Strom, wo der Hund
auf sie wartete und mit ihr hinüberschwamm. Dann gingen sie miteinander nach Hause, um den Glücksring ihrem Herrn und ihrer Frau zu bringen.
Der Hund konnte aber nur auf der Erde laufen; wenn ein Haus im Wege
stand, so mußte er immer drum herum. Die Katze aber kletterte hurtig
über das Dach, und so kam sie viel früher an als der Hund und brachte den
Ring ihrem Herrn.

Da sagte der Herr zu seiner Frau: „Die Katze ist doch ein gutes Tier, der
wollen wir immer zu essen geben und sie pflegen wie unser eigenes
Kind."

Als nun der Hund zu Hause ankam, da schlugen und schalten sie ihn, weil
er nicht auch geholfen habe, den Ring wieder heimzubringen. Die Katze
aber saß beim Herd und schnurrte und sagte nichts. Da wurde der Hund
böse auf die Katze, weil sie ihn um seinen Lohn betrogen, und wenn er sie
sah, jagte er ihr nach und wollte sie packen.

Seit jenem Tage sind Hund und Katze einander feind.

Der alte Sultan

BRÜDER GRIMM

Es hatte ein Bauer einen treuen Hund, der Sultan hieß; der war alt geworden und hatte alle Zähne verloren, so daß er nichts mehr fest packen
konnte. Zu einer Zeit stand der Bauer mit seiner Frau vor der Haustür und
sprach: „Den alten Sultan schieß ich morgen tot, der ist zu nichts mehr
nütze." Die Frau, die Mitleid mit dem treuen Tiere hatte, antwortete: „Da
er uns so lange Jahre gedient hat und ehrlich bei uns gehalten, so könnten
wir ihm wohl das Gnadenbrot geben." — „Ei was", sagte der Mann, „du
bist nicht recht gescheit: er hat keinen Zahn mehr im Maul, und kein Dieb
fürchtet sich vor ihm; er kann jetzt abgehen. Hat er uns gedient, so hat er
sein gutes Fressen dafür gekriegt."

Der arme Hund, der nicht weit davon in der Sonne ausgestreckt lag, hatte
alles mit angehört und war traurig, daß morgen sein letzter Tag sein sollte.
Er hatte einen guten Freund, das war der Wolf; zu dem schlich er abends
hinaus in den Wald und klagte über das Schicksal, das ihm bevorstünde.
„Höre, Gevatter", sagte der Wolf, „sei gutes Mutes, ich will dir aus deiner
Not helfen. Ich habe etwas ausgedacht. Morgen in aller Frühe geht dein
Herr mit seiner Frau ins Heu, und sie nehmen ihr kleines Kind mit, weil

niemand im Hause zurückbleibt. Sie pflegen das Kind während der Arbeit hinter die Hecke in den Schatten zu legen; lege dich daneben, gleich als wolltest du es bewachen. Ich will dann aus dem Walde herauskommen und das Kind rauben; du mußt mir eifrig nachspringen, als wolltest du mir es wieder abjagen. Ich lasse es fallen, und du bringst es den Eltern wieder zurück; die glauben dann, du hättest es gerettet, und sind viel zu dankbar, als daß sie dir ein Leid antun sollten; im Gegenteil, du kommst in völlige Gnade, und sie werden es dir an nichts fehlen lassen."

Der Anschlag gefiel dem Hund, und wie er ausgedacht war, so ward er auch ausgeführt. Der Vater schrie, als er den Wolf mit seinem Kinde durchs Feld laufen sah; als es aber der alte Sultan zurückbrachte, da war er froh, streichelte ihn und sagte: „Dir soll kein Härchen gekrümmt werden, du sollst das Gnadenbrot essen, solange du lebst." Zu seiner Frau aber sprach er: „Geh gleich heim und koche dem alten Sultan einen Weckbrei, den braucht er nicht zu beißen, und bring das Kopfkissen aus meinem Bette, das schenk ich ihm zu seinem Lager." Von nun an hatte es der alte Sultan so gut, wie er sich's nur wünschen konnte. Bald hernach besuchte ihn der Wolf und freute sich, daß alles so wohl gelungen war. „Aber, Gevatter", sagte er, „du wirst doch ein Auge zudrücken, wenn ich bei Gelegenheit deinem Herrn ein fettes Schaf weghole. Es wird einem heutzutage schwer, sich durchzuschlagen." — „Darauf rechne nicht", antwortete der Hund, „meinem Herrn bleibe ich treu, das darf ich nicht zugeben." Der Wolf meinte, das wäre nicht im Ernste gesprochen, kam in der Nacht herangeschlichen und wollte sich das Schaf holen. Aber der Bauer, dem der treue Sultan das Vorhaben des Wolfes verraten hatte, paßte ihm auf und kämmte ihm mit dem Dreschflegel garstig die Haare. Der Wolf mußte ausreißen, schrie aber dem Hund zu: „Wart, du schlechter Geselle, dafür sollst du büßen!"

Am anderen Morgen schickte der Wolf das Schwein und ließ den Hund hinaus in den Wald fordern; da wollten sie ihre Sache ausmachen. Der alte Sultan konnte keinen Beistand finden als eine Katze, die nur drei Beine hatte, und als sie zusammen hinausgingen, humpelte die arme Katze daher und streckte zugleich vor Schmerz den Schwanz in die Höhe. Der Wolf und sein Beistand waren schon an Ort und Stelle, als sie aber ihren Gegner daherkommen sahen, meinten sie, er führe einen Säbel mit sich, weil sie den aufgerichteten Schwanz der Katze dafür ansahen. Und wenn das arme Tier so auf drei Beinen hüpfte, dachten sie nicht anders, als es höbe jedesmal einen Stein auf und wollte damit auf sie werfen. Da ward ihnen beiden angst: das wilde Schwein verkroch sich ins Laub, und der Wolf sprang auf einen Baum. Der Hund und die Katze, als sie herankamen, wunderten sich, daß sich niemand sehen ließ. Das wilde Schwein aber hatte sich im Laub nicht ganz verstecken können, sondern die Ohren ragten noch heraus. Während die Katze sich bedächtig umschaute, zwinste das Schwein mit den Ohren; die Katze, welche meinte, es regte sich da eine Maus, sprang darauf zu und biß herzhaft hinein. Da erhob sich das Schwein mit großem Geschrei, lief fort und rief: „Dort, auf dem Baum, da sitzt der Schuldige." Der Hund und die Katze schauten hinauf und erblickten den Wolf; der schämte sich, daß er sich so furchtsam gezeigt hatte, und nahm von dem Hund den Frieden an.

Die Schnecke PAUL KELLER

Eine Schnecke, die an einem Bahndamm wohnte, ärgerte sich alle Tage über einen Schnellzug, der vorbeisauste und sie durch sein wüstes Benehmen in ihrem Geschäft störte. „Das will ich ihm austreiben!" sagte die Schnecke zu sich selbst, stellte sich zwischen die Geleisen auf und streckte drohend ihre Fühler aus, als sie den Zug in der Ferne auftauchen sah. „Niederstoßen werde ich ihn", sagte sie voll grimmen Mutes. Der Zug kam heran und brauste über die Feindin hinweg. Die Schnecke drehte sich um und sah dem Davoneilenden nach. „Er hält nicht stand", sagte sie verächtlich, „er reißt aus, er ist ein Feigling."

Die drei Schmetterlinge WILHELM CURTMANN

Es waren einmal drei Schmetterlinge, ein weißer, ein roter und ein gelber. Sie spielten im Sonnenschein und tanzten von einer Blume zu der andern. Und sie wurden gar nicht müde, so gut gefiel es ihnen. Da kam auf einmal der Regen und machte sie naß.
Da flogen sie zu der gelb- und rotgestreiften Tulpe und sagten: „Tulipanchen, mach uns ein wenig deine Blüte auf, daß wir hineinschlüpfen können und nicht naß werden." Die Tulpe aber antwortete: „Dem gelben und dem roten will ich wohl aufmachen, aber den weißen mag ich nicht." Aber die beiden, der rote und der gelbe, sagten: „Nein, wenn du unseren Bruder, den weißen, nicht aufnimmst, so wollen wir auch nicht zu dir."
Es regnete immer ärger. Und sie flogen zu der Lilie und sprachen: „Gute Lilie, mach uns deine Blüten ein wenig auf, daß wir nicht naß werden!" Die Lilie aber antwortete: „Den weißen will ich wohl aufnehmen, denn er sieht gerade aus wie ich, aber die andern mag ich nicht." Da sagte der weiße: „Nein, wenn du meine Brüder nicht aufnimmst, so mag ich auch

nicht zu dir. Wir wollen lieber zusammen naß werden, als daß einer den anderen im Stiche läßt."
Und so flogen sie weiter.

Allein die Sonne hinter den Wolken hatte das gehört, daß die drei Schmetterlinge so gute Geschwister waren und so fest zusammenhielten. Und sie drang durch die Wolken und verjagte den Regen und schien wieder hell in den Garten und auf die Schmetterlinge. Es dauerte gar nicht lange, da hatte sie ihnen die Flügel getrocknet und ihren Leib erwärmt. Und nun tanzten die Schmetterlinge wieder wie vorher und spielten, bis es Abend war. Dann flogen sie zusammen nach Hause und schliefen.

Die Stadt im Walde HEINRICH CAMPE

Da liegt eine Stadt im Walde. Die hatte viele hundert Straßen. Darin lebt ein Völkchen, das ist weit und breit berühmt wegen seines Fleißes. Vom Morgen bis zum Abend klettern die Bewohner da auf die Bäume, holen Holz herab, schleppen Gras heim, pflegen ihre Kinder und bauen neue Wohnungen. Dabei leben sie still und friedlich beieinander. Wenn einer seine Last nicht alleine fortschleppen kann, springt sogleich ein Helfer herbei, ohne daß er sich erst bitten läßt. Auch haben Richter und Polizeidiener dort wenig zu tun.

Da geschah aber einmal an einem schönen Sommertage ein großes Unglück. Eben als die Alten ihre Wickelkinder vor die Stadt in den Sonnenschein gelegt hatten, kam plötzlich ein Riese durch den Wald daher. Als er sich aber der Stadt näherte, eilte alles herbei, um die Kleinen hereinzuschleppen. Doch ehe die Kinder geborgen waren, trat schon der Riese mit einem Fuße mitten in die Stadt, daß gleich mehr als hundert Straßen zusammenstürzten. Und wie nun alles durcheinanderrannte und flüchtete, bückte sich der Unhold und warf mit seinem Finger zum Zeitvertreib eine Straße nach der andern ein. Er hatte eine Freude an dem ängstlichen Gewimmel und an dem Schrecken, mit dem die armen Leutchen ihre Kinder aus den Trümmern schleppten. Das kleine Volk verlor aber den Mut nicht. Viele Hunderte marschierten tapfer zu den Hosen und Ärmeln des Riesen hinein und stachen mit ihren Waffen so tüchtig auf ihn los, daß es ihn am ganzen Leibe wie Feuer brannte und daß er von der Zerstörung der Stadt ablassen mußte.

Willst du wissen, wer der Riese war? Das war ein Mensch. Aber was für eine Stadt ich meine, und wer das Völkchen ist, sollst du erraten. Dann gehe hinaus in die Stadt zu den fleißigen Leuten und lerne von ihnen!

Die beiden Ziegen ALBERT LUDWIG GRIMM

Zwei Ziegen begegneten einander auf einem schmalen Stege, der über einen reißenden, tiefen Waldstrom führte; die eine wollte hinüber, die andere herüber.

„Geh mir aus dem Wege!" sagte die eine. „Das wär mir schön!" rief die andere, „geh du zurück und laß mich hinüber; ich war zuerst auf der Brücke!"

„Was fällt dir ein?" versetzte die erste, „ich bin so viel älter als du und sollte dir weichen? Nimmermehr!"

Keine wollte nachgeben; jede wollte zuerst hinüber, und so kam es vom Zank zum Streit und zu Tätlichkeiten.

Sie hielten ihre Hörner vorwärts und rannten zornig gegeneinander. Von dem heftigen Stoße verloren beide das Gleichgewicht, und sie stürzten miteinander von dem schmalen Steg hinab in den reißenden Waldstrom, aus dem sie sich nur mit großer Anstrengung ans Land retteten.

Die beiden Fuhrleute JOHANN PETER HEBEL

Zwei Fuhrleute begegneten sich mit ihren Wagen in einem Hohlwege und konnten einander nicht gut ausweichen. „Fahre mir aus dem Wege!" rief der eine. „Ei, so fahre du mir aus dem Wege!" rief der andere. „Ich will nicht!" sagte der eine. „Ich brauche es nicht!" sagte der andere. Weil keiner nachgab, kam es zu heftigem Zank und zu Scheltworten.

„Höre du", sagte endlich der erste, „jetzt frage ich dich zum letztenmal: willst du mir aus dem Wege fahren oder nicht? Tust du es nicht, so mache ich es mit dir, wie ich es heute schon mit einem gemacht habe." — Das schien dem andern doch eine bedenkliche Drohung. „Nun", sagte er, „so hilf mir wenigstens deinen Wagen ein wenig beiseite schieben; ich habe ja sonst nicht Platz, um mit dem meinigen auszuweichen." Das ließ sich der erste gefallen, und in wenigen Minuten war die Ursache des Streites beseitigt.

Ehe sie schieden, faßte sich der, der aus dem Wege gefahren war, noch einmal ein Herz und sagte zu dem andern: „Höre, du drohtest doch, du wolltest es mit mir machen, wie du es heute schon mit einem gemacht hättest; sage mir doch, wie hast du es mit dem gemacht?"

„Ja, denke dir", sagte der andere, „der Grobian wollte mir nicht aus dem Wege fahren, da — fuhr ich ihm aus dem Wege."

Die ungleichen Angestellten BRODER CHRISTIANSEN

Zwei gleichaltrige junge Leute wurden gleichzeitig in einem Geschäftshause mit gleichem Gehalt angestellt. Es bestand also volle Gleichheit.
Blieb diese? — Nein, denn der eine der beiden, Arnold, rückte rasch hinauf, der andere, Bruno, blieb in seiner bescheidenen Stellung. Bruno war deshalb unzufrieden, aber nicht mit sich selbst, sondern mit dem nach seiner Ansicht ungerechten Chef, bei dem er sich eines Tages beklagte.
Dieser hörte ihn wohlwollend an und erklärte sich bereit, ihm den Unterschied klarzustellen.
„Herr Bruno", sagte er, „gehen Sie mal auf den Markt hinüber und sehen Sie, was heute früh angeführt wurde."
Bruno kam zurück und meldete, es sei bis jetzt nur ein Fuhrmann da mit einem Wagen Roggen.
„Wieviel?" lautete die Frage.
Bruno setzte noch einmal den Hut auf, ging fort und berichtete bald darauf, daß es vierzig Säcke seien.
„Was kostet der Roggen?"
Bruno ging zum drittenmal fort und brachte des Bauern Forderung.
„Nun", sagte der Geschäftsinhaber zu Bruno, „setzen Sie sich mal auf diesen Stuhl, sprechen Sie kein Wort und hören Sie mir um so mehr zu."
Es wurde Arnold gerufen, der auch sehen sollte, was auf dem Markt angeführt worden sei. Bald kam er zurück und berichtete, der Bauer, der bis jetzt allein sei, habe vierzig Säcke Roggen, er verlange zwar soundso viel, doch sei anzunehmen, daß auch ein billigeres Angebot Annahme finden werde. Der Roggen sei einwandfrei, wie das mitgebrachte Muster erweise. Der Bauer habe aber auch einige Säcke schönsten Hafer, der sehr billig sei. Da der Hafer für die Pferde zur Neige gehe und man am Platze nicht so vorteilhaft kaufen könne, so rate er, rasch zuzugreifen, und habe deshalb nicht bloß ein Muster des Hafers, sondern auch gleich den Bauern mitgebracht, der draußen warte. —
Der Geschäftsinhaber nahm Bruno zur Seite und fragte ihn, ob er nun wisse, warum Arnold ein höheres Gehalt bekomme.

Der hilflose Knabe BERTOLT BRECHT

Herr Keuner sprach über die Unart, erlittenes Unrecht stillschweigend in sich hineinzufressen, und erzählte folgende Geschichte: Einen vor sich hin weinenden Jungen fragte ein Vorübergehender nach dem Grund seines

Kummers. „Ich hatte zwei Groschen für das Kino beisammen", sagte der Knabe, „da kam ein Junge und riß mir einen aus der Hand", und er zeigte auf einen Jungen, der in einiger Entfernung zu sehen war. „Hast du denn nicht um Hilfe geschrien?" fragte der Mann. „Doch", sagte der Junge und schluchzte ein wenig stärker. „Hat dich niemand gehört?" fragte ihn der Mann weiter, ihn liebevoll streichelnd. „Nein", schluchzte der Junge. „Kannst du denn nicht lauter schreien?" fragte der Mann. „Nein", sagte der Junge und blickte ihn mit neuer Hoffnung an. Der Mann lächelte. „Dann gib auch den her", sagte er, nahm ihm den letzten Groschen aus der Hand und ging unbekümmert weiter.

Der Schuh und der Pantoffel

GEORG CHRISTOPH LICHTENBERG

Ein Schuh mit einer Schnalle redete einen Pantoffel, der neben ihm stand, also an: „Lieber Freund, warum schaffst du dir nicht auch eine Schnalle an? Es ist eine vortreffliche Sache!"
„Ich weiß in Wahrheit nicht einmal, wozu die Schnallen eigentlich nützen", versetzte der Pantoffel.
„Die Schnallen", rief der Schuh hitzig aus, „wozu die Schnallen nützen? Das weißt du nicht? Ei, mein Himmel, wir würden gleich im ersten Morast steckenbleiben."
„Ja, liebster Freund", antwortete der Pantoffel, „ich gehe nicht in den Morast."

Die sieben Stäbe

CHRISTOPH VON SCHMID

Ein Vater hatte sieben Söhne, die öfter miteinander uneins wurden. Über dem Zanken und Streiten versäumten sie die Arbeit. Ja, einige böse Menschen hatten im Sinne, sich diese Uneinigkeit zunutze zu machen und die Söhne nach dem Tode des Vaters um ihr Erbteil zu bringen.
Da ließ der ehrwürdige Greis eines Tages alle sieben Söhne zusammenkommen, legte ihnen sieben Stäbe vor, die fest zusammengebunden waren, und sagte: „Demjenigen von euch, welcher dieses Bündel Stäbe entzweibricht, zahle ich hundert große Taler bar."
Einer nach dem andern strengte alle seine Kräfte an, jeder sagte nach langem vergeblichem Bemühen: „Es ist gar nicht möglich!"
„Und doch", sagte der Vater, „ist nichts leichter." Er löste das Bündel auf

und zerbrach einen Stab nach dem andern mit geringer Mühe. „Ei", riefen die Söhne, „so ist es freilich leicht; so könnte es ein kleiner Knabe!"
Der Vater aber sprach: „Wie es mit diesen Stäben ist, so ist es mit euch, meine Söhne. Solange ihr fest zusammenhaltet, werdet ihr bestehen, und niemand wird euch überwältigen können. Wird aber das Band der Eintracht, welches euch verbinden soll, aufgelöst, so geht es euch wie den Stäben, die hier zerbrochen auf dem Boden liegen."

> Das Haus, die Stadt, das ganze Land
> Besteh'n nur durch der Eintracht Band.

Die drei Brüder und der Schlaf
Eine Gute-Nacht-Geschichte aus Afrika

HERLINT WOLFF V. D. STEINEN

Der alte Bauer war gestorben, und seine beiden ältesten Söhne kümmerten sich um nichts, nur der Jüngste blieb zurück und saß weinend die Nacht durch am Totenbett. Erst als die Sonne aufging, schlief er erschöpft ein.
Als die Brüder ihn am Morgen mit Tränen in den Augen schlafend fanden, sagten sie zueinander: „Um so besser, wenn er schläft, dann können wir die Erbschaft unter uns teilen." Sie waren so geizig und herzlos, daß sie sich freuten, ihren eigenen Bruder zu betrügen. Der eine nahm das Haus und die Felder, der andere die Ställe und das Vieh. Und als der Jüngste aufwachte, riefen sie höhnisch: „Du hast geschlafen, während wir das Erbe teilten — als einziges erbst du nun den Schlaf!"
Die Dorfbewohner waren erstaunt, daß der Jüngste diese Ungerechtigkeit wortlos hinnahm, er schien seine Brüder sogar heimlich auszulachen.
Während sich die Brüder an die Tagesarbeit in Feld und Stall machten, legte er sich in den Schatten und schlief weiter. Es war heiß, und die Brüder mußten schwer schaffen, fehlte ihnen doch die Hilfe des Vaters und des Bruders. Abends aßen sie schnell einen Bissen, und dann sank der eine in der Kammer und der andere draußen im Stall beim Vieh todmüde aufs Lager.
Als der älteste Bruder in der Kammer eingeschlafen war, wurde er plötzlich durch einen lauten Ruf geweckt. „Wach auf, wach auf! Den Schlaf hab' ich allein geerbt." Wütend richtete sich der also Geweckte empor, aber immer, wenn er wieder einschlafen wollte, rief der jüngste Bruder: „Wach auf, wach auf, der Schlaf gehört mir ganz allein!"
Und ebenso erging es dem zweiten Bruder. Als der in der nächsten Nacht auf der Weide lag, weckte auch ihn die Stimme: „Wach auf, wach auf, der Schlaf gehört mir allein!" Und so ging es viele Tage. Der Jüngste arbeitete

nicht, er schlief am Tage und ließ seine müden Brüder nachts nicht ruhen. Immer wieder hörte man seinen Ruf: „Der Schlaf gehört mir allein!"

Alle Dorfbewohner waren auf der Seite des Jüngsten. „So geht es, wenn man den Schlaf verachtet", sagten sie zueinander, „das ist die gerechte Strafe für die Bösewichte."

Schließlich wurden die Brüder so müde, daß sie nicht mehr arbeiten konnten. Da gingen sie zum Dorfältesten, um sich zu beschweren, und der befahl ihnen, schleunigst alles noch einmal, und zwar gerecht, zu teilen. Und diesem guten Rat mußten sie wohl folgen, sonst wäre ihr ganzes Erbe verkommen. In Afrika aber erzählt man sich ihre Geschichte bis zum heutigen Tage.

Vergebliche Flucht

Tausendundeine Nacht

Es lebte einmal ein Kaiser von China, Sohn des Himmels und mächtigster Herrscher der Welt. Eines Abends ging er über die blühenden Terrassen seiner kaiserlichen Gärten und erfreute sich an der Schönheit seiner Rosenbüsche und dem Duft ihrer Blüten. Da stürzte plötzlich sein oberster Gärtner, die Treppe heraufstürmend, dem Kaiser vor die Füße. „O allmächtiger Herr", rief er, „eben, als ich dort unten deine Rosenbüsche begoß, sah ich vor mir den leibhaftigen Tod. Hinter einem Baum spähte er hervor und drohte mir mit der Faust, sicher will er mir an das Leben. Leihe mir, Herr, dein schnellstes Roß, das rascher ist als der Westwind, und laß mich entfliehen nach deinem verborgenen Schloß Tschanga, das du in den Bergen versteckt hast, dort wird mich der Tod nicht finden. Noch vor Aufgang des Mondes kann ich dort sein."

„Nimm das Roß", sagte der Kaiser. „Um sein Leben zu bewahren, muß man alles einsetzen." Der Gärtner stürmte davon nach den Ställen. Bald hörte man den Hufschlag des entfliehenden Rosses, und wie ein Blitz verschwand es in der Ferne.

Sinnend ging der Kaiser weiter. Aber plötzlich sah auch er den Tod dicht vor seinem Weg mitten in den Rosen, doch der Kaiser fürchtete sich nicht, sondern trat ihm rasch entgegen und fuhr ihn an: „Warum erschreckst du mir meinen Gärtner und bedrohst mir meine Leute hier?" Tief verneigte sich der Tod und sagte: „Erhabener Herr, Sohn des Himmels, verzeihe mir, daß ich dich erzürnte. Ich habe deinen Gärtner nicht bedroht. Als ich ihn so unerwartet hier vor mir in deinen Rosen sah, konnte ich mir ein Zeichen der Verwunderung nicht unterdrücken. Denn heute früh, als der Herr des Himmels, Euer Gebieter und der unsere, seinen Dienern seine Befehle gab, da gebot er mir, diesen deinen Gärtner heute abend beim Mondaufgang in deinem Schloß Tschanga abzuholen. Darum wunderte ich mich, daß ich ihn hier traf, so weit von jenem Schlosse entfernt."

Da neigte sich der Kaiser ehrfürchtig vor dem unsichtbaren Herrn über Leben und Tod, blickte lange in den roten Kelch einer Rose und dachte: „Da rast nun der Mann auf dem schnellsten Pferd, das niemand einholen kann, vor dem Schicksal fliehend, seinem Schicksal entgegen."

Das Stelldichein   SIGISMUND VON RADECKI

Eines Tages, als der Sultan auf dem Ruhebette seines Palastes in Damaskus lag, stürzte ein schöner Jüngling, sein Lieblingsdiener, in das Gemach. Er fiel auf die Knie, schrie in Aufregung, daß er sofort nach Bagdad fliehen müsse, und bat darum, sich das schnellste Roß Seiner Majestät nehmen zu dürfen.

„Warum mußt du so schnell nach Bagdad?" fragte der Sultan. — „Weil ich jetzt eben im Garten des Palastes den Tod stehen gesehn habe. Und wie er mich bemerkte, streckte er seine Arme drohend nach mir aus: ich muß ihm eiligst entkommen!"

Der Sultan gab ihm das Pferd, und der Jüngling sprengte davon. Dann aber schritt der Sultan zornig in den Garten und fand den Tod immer noch dort stehen. „Wie wagst du es, meinem Lieblingsdiener zu drohen?" schrie der Sultan; doch der Tod antwortete völlig verblüfft: „Ich versichere Eurer Majestät, daß ich ihm nicht gedroht habe. Ich warf bloß meine Arme erstaunt in die Luft, ihn hier zu sehen — denn ich hab' ja mit ihm heute nacht ein Stelldichein in Bagdad."

8. AUS NAH UND FERN

Wer ist der Sünder?
Chinesisches Märchen

Es waren einmal zehn Bauern, die gingen miteinander über Feld. Sie wurden von einem Gewitter überrascht und flüchteten sich in einen halb zerfallenen Tempel. Der Donner aber kam immer näher, und es war ein Getöse, daß die Luft ringsum erzitterte. Kreisend fuhr ein Blitz fortwährend um den Tempel. Die Bauern fürchteten sich sehr und dachten, es müsse wohl ein Sünder unter ihnen sein, den der Donner erschlagen wolle. Um herauszubringen, wer es sei, machten sie aus, ihre Strohhüte vor die Tür zu hängen; wessen Hut weggeweht werde, der solle sich dem Schicksal stellen.

Kaum waren die Hüte draußen, so ward auch einer weggeweht, und mitleidlos stießen die andern den Unglücklichen vor die Tür. Als er aber den Tempel verlassen hatte, da hörte der Blitz zu kreisen auf und schlug krachend ein.

Der eine, den sie verstoßen hatten, war der einzige Gerechte gewesen, um dessentwillen der Blitz das Haus verschonte. So mußten die neun ihre Hartherzigkeit mit dem Leben bezahlen.

Die Geschichte vom Honigtropfen
Tausendundeine Nacht

Ein Jäger pflegte in der Steppe die wilden Tiere zu jagen, und da kam er eines Tages zu einer Höhle im Gebirge und fand in ihr ein Loch voll Bienenhonig. Er schöpfte etwas von jenem Honig in einen Schlauch, den er bei sich trug, legte ihn über die Schulter und trug ihn in die Stadt; ihm folgte sein Jagdhund, ein Tier, das ihm lieb und wert war. Beim Laden eines Ölhändlers blieb der Jäger stehen und bot ihm den Honig zum Kaufe an; da kaufte ihn der Mann im Laden. Dann öffnete er den Schlauch und ließ den Honig auslaufen, um ihn zu besehen. Dabei fiel ein Honigtropfen aus dem Schlauche auf die Erde. Nun sammelten sich die Fliegen um ihn, und auf die schoß ein Vogel herab. Der Ölhändler aber hatte eine Katze, und die sprang auf den Vogel los; als der Jagdhund die Katze sah, stürzte er sich auf sie und biß sie tot. Da sprang der Ölhändler auf den

Jagdhund los und schlug ihn tot; und zuletzt erhob sich der Jäger wider den Ölhändler und erschlug ihn. Nun gehörte der Ölhändler in das eine Dorf, der Jäger aber in ein anderes. Und als die Bewohner der beiden Dörfer die Kunde vernahmen, griffen sie zu Wehr und Waffen und erhoben sich im Zorne wider einander. Die beiden Schlachtreihen prallten zusammen, und das Schwert wütete lange unter ihnen, bis daß viel Volks gefallen war, so viele, daß nur Allah der Erhabene ihre Zahl kennt.

Chinesisches Märchen ERNST PENZOLDT

Als der Krieg zwischen den beiden benachbarten Völkern unvermeidlich war, schickten die feindlichen Feldherrn Späher aus, um zu erkunden, wo man am leichtesten in das Nachbarland einfallen könnte. Und die Kundschafter kehrten zurück und berichteten ungefähr mit den gleichen Worten ihren Vorgesetzten: es gäbe nur eine Stelle an der Grenze, um in das andere Land einzubrechen. „Dort aber", sagten sie, „wohnt ein braver kleiner Bauer in einem kleinen Haus mit seiner anmutigen Frau. Sie haben einander lieb, und es heißt, sie seien die glücklichsten Menschen auf der Welt. Sie haben ein Kind. Wenn wir nun über das kleine Grundstück in Feindesland einmarschieren, dann würden wir das Glück zerstören. Also kann es keinen Krieg geben." Das sahen die Feldherrn denn auch wohl oder übel ein, und der Krieg unterblieb, wie jeder Mensch begreifen wird.

Der Wunsch des Bettlers WALTER BENJAMIN

In einem chassidischen Dorf, so erzählt man, saßen eines Abends zu Sabbat-Ausgang in einer ärmlichen Wirtschaft die Juden. Ansässige waren es, bis auf einen, den keiner kannte, einen ganz ärmlichen, zerlumpten, der im Hintergrunde im Dunkeln einer Ecke kauerte. Hin und her waren die Gespräche gegangen. Da brachte einer auf, was sich wohl jeder zu wünschen dächte, wenn er einen Wunsch frei hätte.
Der eine wollte Geld, der andere einen Schwiegersohn, der dritte eine neue Hobelbank, und so ging es die Runde herum. Als jeder zu Wort gekommen war, blieb noch der Bettler in der dunklen Ecke. Widerwillig und zögernd gab er den Fragern nach: „Ich wollte, ich wäre ein großmächtiger König und herrschte in einem weiten Land und läge nachts und schliefe in meinem Palast und von der Grenze bräche der Feind herein, und ehe es dämmerte, wären die Berittenen bis vor mein Schloß gedrungen und keinen Wider-

stand gäbe es, und aus dem Schlaf geschreckt, nicht Zeit, mich auch nur zu
bekleiden, und im Hemd hätte ich meine Flucht antreten müssen und sei
durch Berg und Tal und über Wald und Hügel und ohne Ruhe und Nacht
gejagt, bis ich hier auf der Bank in eurer Ecke gerettet angekommen wäre.
Das wünsche ich mir." Verständnislos sahen die andern einander an. –
„Und was hättest du von diesem Wunsch?" fragte einer. – „Ein Hemd", war
die Antwort.

WORTERKLÄRUNG: Chassidisch zu hebr. Chassidim = die Frommen, eine jüdische
Sekte in der Ukraine und Polen.

Geschichte von den beiden Träumern   JORGE LUIS BORGES

Der arabische Geschichtsschreiber El Ixaquí berichtet diesen Vorfall:
„Von glaubwürdigen Menschen wird erzählt (aber Allah allein ist all-
wissend und allmächtig und erbarmungsvoll und schläft nicht), daß es in
El Cairo einen Mann gab, der im Besitz von Reichtümern war, aber so
großmütig gesinnt und so freigebig, daß er sie alle einbüßte, außer dem
Haus seines Vaters, und daß er sich genötigt sah zu arbeiten, um sein Brot
zu verdienen. Er arbeitete so hart, daß ihn eines Abends unter einem
Feigenbaum in seinem Garten der Schlaf übermannte, und im Traum erblickte er einen vermummten Mann, der ein Goldstück aus seinem Munde
zog und zu ihm sprach: ‚Dein Glück ist in Persien, in Isfahan, geh dorthin und suche es.' Am folgenden Morgen machte er sich auf und unter-
nahm die weite Reise und bot den Gefahren der Wüsten, der Schiffe,
der Seeräuber, der Götzendiener und der Flüsse, der wilden Tiere und der
Menschen die Stirn. Zuletzt gelangte er nach Isfahan, jedoch im Bereich
der Stadt überraschte ihn die Nacht, und er streckte sich zum Schlaf im
Hof einer Moschee aus. Dicht bei der Moschee war ein Haus, und nach
dem Ratschluß des Allmächtigen durchzog eine Räuberbande die Moschee
und begab sich in das Haus, und die Leute, die darinnen schliefen, wach-
ten bei dem Lärm der Räuber auf und schrien um Hilfe. Auch die Nachbarn schrien, bis der Hauptmann der Nachtwächter dieses Stadtviertels mit
seinen Leuten herbeieilte und die Räuber über die Hofmauer sprangen.
Der Hauptmann ließ die Moschee durchsuchen, und in ihr stießen sie auf
den Mann aus El Cairo und versetzten ihm mit Bambusstöcken so zahl-
reiche Schläge, daß er mehr tot als lebendig war. Nach zwei Tagen kam
er im Gefängnis zur Besinnung. Der Hauptmann ließ ihn holen und
sprach zu ihm: ‚Wer bist du, und welches ist deine Heimat?' Der andere
erklärte: ‚Ich bin aus der berühmten Stadt El Cairo, und mein Name ist

Mohammed el Magrebi.' Der Hauptmann fragte ihn: ‚Was führte dich nach Persien?' Der andere entschloß sich, die Wahrheit zu sagen, und sprach: ‚Ein Mann hieß mich im Traum nach Isfahan gehen, denn hier sei mein Glück. Nun bin ich in Isfahan und sehe ein, daß dieses Glück, das er mir verhieß, die Prügel gewesen sind, die ihr mir so freigebig gespendet habt.' Als er diese Worte hörte, lachte der Hauptmann so, daß er seine Weisheitszähne entblößte; am Ende sagte er: ‚Törichter und leichtgläubiger Mann, schon dreimal habe ich von einem Haus in der Stadt El Cairo geträumt, hinter welchem ein Garten ist, und in dem Garten eine Sonnenuhr und hinter der Sonnenuhr ein Feigenbaum und hinter dem Feigenbaum ein Brunnen und am Fuße des Brunnens ein Schatz. Ich habe dieser Lüge nie im geringsten Glauben geschenkt; du jedoch, mißgeborener Mensch, bist von Stadt zu Stadt geirrt, einzig im Vertrauen auf deinen Traum. Laß dich in Isfahan nicht wieder blicken. Nimm diese Münzen und scher dich fort.'

Der Mann nahm die Münzen und kehrte in sein Vaterland zurück. Unter dem Brunnen in seinem Garten (es war der Garten aus dem Traum des Hauptmanns) grub er den Schatz aus. So erwies ihm Gott seinen Segen und belohnte ihn. Gott ist der Edelmütige, der Verborgene."

Das Porträt KARL RAUCH

Adolf von Menzel, „die kleine Exzellenz", essen zu sehen, war nicht immer ein reines Vergnügen. Sein Gebiß nämlich ging des öfteren eigene Wege. Ein jugendliches Paar beobachtete eines Tages in einem der Hotels am Leipziger Platz beim Mittagessen höchst erstaunt und fast fassungslos den zähen Kampf des Meisters mit einem gebratenen Huhn. Die Augen der zuschauenden jungen Frau wurden immer größer. Sie flüsterte mit ihrem Manne – und die beiden lachten.

Menzel fühlt sich beobachtet. Er blickt auf und bemerkt das kichernde Paar. Zornig legt er Messer und Gabel beiseite, wischt sich die Finger an der Serviette und greift zum Skizzenbuch, während er beginnt, nun seinerseits die junge Frau zu fixieren. Höchst aufgebracht erhebt sich nach einiger Zeit der junge Mann, tritt an Menzels Tisch und verbittet sich in energischem Ton, daß er seine Frau porträtiere … Stumm hält Menzel ihm das Skizzenbuch entgegen. Auf dem leuchtend weißen Papier erkennt er unverkennbar deutlich und einfühlsam gezeichnet – eine Gans.

Altgriechischer Geist

ERNST CURTIUS

Als Xerxes die Heere des Morgenlandes über den Hellespont geführt, Thessalien eingenommen und das feste Tor des inneren Griechenlands, den Seepaß der Thermopylen, sich durch Verrat geöffnet hatte, konnte er nicht anders glauben, als daß nun jeder ernstliche Widerstand beseitigt wäre und daß die Hellenen der südlichen Landschaften in Zittern und Zagen das über sie hereinbrechende Schicksal erwarteten. Da kamen Überläufer aus Arkadien in das Lager, unstete Leute, die des Lebens Not hintrieb, wo es zu verdienen gab. Man brachte sie vor den König, um sie auszufragen, was die Hellenen machten. „Sie feiern das Fest der Olympien", war die unerwartete Antwort, „sie schauen den Wettkämpfen und Wagenspielen zu." Und als man sie weiter fragte, um welchen Preis jene gehalten würden, erwiderten sie: „Um den Kranz vom Ölbaum." Da sprach einer der persischen Großen ein kluges Wort, wenn es ihm auch als Feigheit ausgelegt wurde: „Wehe, Mardonius, gegen was für Männer hast du uns geführt, die nicht um Gold und Silber Wettkämpfe halten, sondern um Männertugend!"

Um die Goldmedaille

HERBERT KRANZ

In Amsterdam standen sich im Florettfechten ein Italiener und ein Franzose gegenüber. Es ging um die Goldmedaille. Die beiden Männer fochten wie rasend, und die Zuschauer hielten den Atem an. Der Franzose hatte einen schweren Stand, denn der lange Italiener war ihm an Reichweite überlegen. Um so wilder griff der Franzose an, und Angriff und Abwehr folgten so blitzschnell aufeinander, daß die Zuschauer dem einzelnen Stoß und seiner Gegenwehr gar nicht mehr nachkommen konnten.
Plötzlich griffen die Kampfrichter ein. Pause! Einer von ihnen meinte gesehen zu haben, daß der Italiener den Franzosen getroffen hätte. Durch die atemlose Menge ging es fast wie ein Stöhnen. Wenn der Franzose getroffen worden war, so war die Goldmedaille für ihn verloren ... Was in den beiden Kämpfern vorging, konnte niemand sehen, denn die dichten Gitter der Fechthauben verbargen ihre Gesichter. Der Italiener stand ruhig da und sah nach der Spitze seines Floretts, ob das schützende Hütchen noch daran saß. Offenbar wußte er selbst nicht, ob er einen Treffer erzielt hatte. Der Franzose rührte sich nicht.
Jetzt waren die Kampfrichter sich einig geworden. Ihr Sprecher trat vor: „Kein Treffer."

Die Zuschauer atmeten auf. Der Franzose hatte also nicht verloren, er hatte die Möglichkeit des Sieges noch immer vor sich, die Goldmedaille wartete noch immer, und vielleicht auf ihn!

Da riß der Franzose die Haube herunter. Sein Gesicht war tief rot und von einem durchdringenden Glanz erfüllt. Er hob das Florett steil hoch vor die Brust, trat einen Schritt zum Kampfgericht hin und verkündete: „Ich bin getroffen — Je suis touché!"

Das Urteil der Kampfrichter hatte für ihn gesprochen, aber er nahm es nicht an. Die Wahrheit war ihm mehr als eine erlistete Goldmedaille, und er stand, indem er sich als besiegt erklärte, als Sieger da.

Wie der Weinbau zu Rüdesheim entstand

GOTTFRIED HENSSEN

Als Kaiser Karl der Große im Winter zu Ingelheim weilte und der Nordwind so recht schneidend über den Rhein wehte und rings alles in Schnee gehüllt lag, da sah er zu seiner Verwunderung, wie die gen Süden gelegenen Berghänge drüben bei Rüdesheim im hellen Sonnenschein aufleuchteten, ohne daß Schnee dort gelegen hätte. Und als dies Schauspiel sich wiederholte, dachte Karl: „Wie herrlich muß auf jenen Höhen die Rebe gedeihen!" — Als es Frühling ward, schickte er einige Reitersknechte nach Orleans, die mußten dort Orleaner Setzreben holen. Sie wurden in den gerodeten Abhang des Rüdesheimer Berges tief eingesenkt und sprossen lustig empor, und wie drei und ein halbes Jahr um waren, da kredenzte man dem Kaiser den ersten Rüdesheimer Most.

Als der Wein im Fasse herangereift war, da veranstaltete Karl zu Ingelheim eine große Weinprobe. Wohl mundete den Herren der feurige Wein vom Vesuv und aus Griechenland, auch der aus Burgund und von der Mosel, aber den Preis gaben sie schließlich dem Rüdesheimer, denn er war stark wie jene, aber duftreicher als sie alle. Und so ist der echte Rüdesheimer noch heute.

Man sagt aber, wenn ein gutes Weinjahr bevorstehe und die Reben blühen, da steige Kaiser Karl aus seiner Gruft zu Aachen und schreite das Rheinufer herauf und herunter und segne die Reben, dieweil er sie gepflanzt.

Speck und Erbsen

GOTTFRIED HENSSEN

Einst hatte sich Kurfürst Johann Wilhelm auf der Jagd im Königsforste zu Bensberg verirrt und wußte sich gar nicht zurechtzufinden. Er ging viele

Stunden lang bis über Mittag und wurde nun bei der Anstrengung gewahr, wie der Hunger tut. Der ist bei so vornehmen Leuten ein höchst seltener Gast. Er hatte ihn wohl zum erstenmal kennengelernt, und doch mußte er noch bergauf, bergab in dem großen Walde gehen, bevor er an ein Haus kam. Da sank er vor Ermüdung zusammen und bat um Kost. Es war ein Bauernhaus, und die Frau hatte gerade Speck und Erbsen gekocht; die setzte sie dem Kurfürsten hin in der Meinung, es sei ein fremder Jägersmann. Das Speck- und Erbsengericht und das Haferbrot des Bauern schmeckte dem hohen Herrn aber so gut wie noch nie eine Speise in seinem Leben, und als er nach Düsseldorf auf sein Schloß zurückgekehrt war und ihm die leckeren Gerichte der Fürstentafel nicht munden wollten, da hieß er Speck und Erbsen kochen; denn das sei, sagte er, das köstlichste Essen von der Welt. Aber wie der Küchenmeister es auch anrichten mochte, der Kurfürst sagte, im Königsforste habe er das besser gegessen, und ein Eilbote mußte hinreiten nach Schwiegelshohn und die Bäuerin nach Bensberg bestellen. Von dort wurde sie in einem landesherrlichen Wagen nach Düsseldorf abgeholt, damit sie dem Kurfürsten das Gericht schmackhaft zubereite, wie er es bei ihr zu Hause genossen hatte. Auch mußte sie auf seinen Befehl ein Bauernbrot mitbringen. Aber was die gute Frau ihm kochte, wollte ebensowenig schmecken wie das Haferbrot, das sie mitgebracht hatte, und das war kein Wunder; fehlte doch die Hauptwürze, der Hunger. Da wurde er denn klug daraus und pries die Arbeiter glücklich, daß ihnen bei ihrer naturgemäßen Lebensweise jede Mahlzeit mundet. Davon hat man im Bergischen ein Sprüchlein, das lautet:

> Wer sich vor Arbeit tut nicht schrecken,
> dem wird's wie dem Jan Willem schmecken.

Der Fleischermeister beim Doktor PAUL FECHTER

Als der Schriftsteller Peter Bamm als praktischer Arzt Dr. Curt Emmrich in Berlin tätig war, passierte ihm auch die folgende kleine Geschichte. Bamm kaufte an der Elsässer Straße den Fleischbedarf für seine Mahlzeiten ständig in der gleichen Schlächterei unweit seiner Wohnung, hielt auch seine Wirtschafterin an, nur in diesem soliden und sauberen Geschäft einzukaufen. Er kannte den Inhaber, einen großen, kräftigen Mann, bereits vom Ansehen, ebenso wie der ihn, dachte aber unter dem Ansturm der Patienten, wie er selber mit künstlichem Ernst erzählte, nicht gerade häufig und nicht gerade intensiv an ihn.

Eines Tages aber sitzt in seiner Sprechstunde groß, breit und geruhig eben dieser Fleischermeister aus der Elsässer Straße.

„Nanu, Meister?" sagte Bamm.

„Ja, Herr Doktor", erwiderte der wie ein Gebirge vor dem schmalen Arzt aufragende Mann, „ick wollt' Ihn' bitten, mir mal zu untersuchen."

„Was fehlt Ihnen denn, Meister?" fragte Bamm teilnehmend.

„Ick weeß je auch nich", erwiderte der Mann, „hier und da — ick dacht, ick müßt mal zu Ihn' gehn."

„Dann ziehn Sie sich man aus", nickt Bamm, „wir woll'n mal sehen."

Der Fleischermeister entkleidet sich, und als die letzte Hülle fällt, steht ein Riese voll Kraft und Muskeln vor dem Arzt, der nun bedächtig und sorgsam mit der Untersuchung beginnt. Er prüft das Herz, er prüft die Lungen; er untersucht Nieren und Leber und Milz und Blutdruck, stumm und gewissenhaft. Und dann reckt er sich, sieht den großen Mann an und sagt: „Ja, lieber Meister, ich kann nichts finden. Ich kann Ihnen nur sagen: Sie sind kerngesund."

Dabei betrachtet er den Fleischer streng und prüfend durch seine Brille. Der aber grinst und greift nach seinem Hemd: „Weeß ick, Herr Doktor, weeß ick alleene."

Der Doktor med. Emmrich macht ein einigermaßen erstauntes Gesicht. Der Patient aber, gerade in seine Unterhose fahrend, sagt mit dem gleichen überlegen-fröhlichen Gesicht: „Sehn Se, Herr Doktor, Sie kaufen seit'n halbes Jahr bei mir — alles, nich? De Wurscht und det Jehackte, und wat Se sonst brauchen. Macht'n ganz scheenes Stück Jeld, wenn man's zusammenrechnet. Na, und da hab' ick mir jesagt: Karl — du mußt ooch mal wat springen lassen. Der Doktor läßt dir verdienen, mußt du ihn ooch mal verdienen lassen. Jesund biste ja; aber 'ne Untersuchung kann nie schaden, und der Doktor hat seine zwanzig Emm verdient. Sehn Se — darum bin ick zu Ihn' jekomm'."

Das war Berlin, ist Berlin und wird Berlin bleiben, solange die Spree bei Spandau in die Havel fließt.

Auf eigenen Füßen   WOLFGANG STENDEL

Paul Heyse, der Münchner Dichter, war nicht nur ein sehr liebenswürdiger, sondern auch ein sehr humorvoller Mann.

Eines Tages stand er auf der Plattform einer überfüllten Straßenbahn. Man konnte sich nicht rühren und regen. Als beim Anhalten ein Ruck durch den Wagen ging, trat ein Jüngling etwas unsanft auf Paul Heyses Fuß. Das kann vorkommen; was aber schlimmer war: er blieb darauf stehen. Nun wurde der Dichter nicht etwa zornig. Er zog auch nicht an seinem Fuß, um den Übeltäter aufmerksam zu machen. Nein, er klopfte dem Jüngling väterlich auf die Schulter und fragte: „Sagen Sie, junger Freund, wie alt sind Sie denn?"

Der Jüngling fuhr erstaunt herum und schaute Paul Heyse groß an. In seiner Verwunderung antwortete er aber doch: „Zwanzig Jahre."

Da schmunzelte Heyse und sagte: „Das dachte ich mir so ungefähr. Aber ich meine, Sie könnten in diesem Alter immerhin schon auf eigenen Füßen stehen."

Der alte Professor
LUDWIG THOMA

Der alte Professor Spengler fährt jeden Morgen gegen acht Uhr vom Großen Wirt in Schwabing bis zur Universität.

Er fällt auf durch seine ehrwürdige Erscheinung; lange, weiße Locken hängen ihm auf die Schultern, und er geht gebückt unter der Last der Jahre.

Ein Herr, der auf der Plattform steht, beobachtet ihn längere Zeit durch das Fenster.

Er wendet sich an den Schaffner.

„Wer ist denn eigentlich der alte Herr? Den habe ich schon öfter gesehen."

„Der? Den kenna Sie nöt?"

„Nein."

„Dös is do unsa Professa Spengler."

„So? so? Spengler. M—hm."

„Professa der Weltgeschüchte", ergänzt der Schaffner und schüttet eine Prise Schnupftabak auf den Daumen.

„Mhm!" macht der Herr. „So, so."

Der Schaffner hat den Tabak aufgeschnupft und schaut den Herrn vorwurfsvoll an.

„Den sollten S' aba scho kenna!" sagt er. „Der hat vier solchene Büacha g'schrieb'n."

Er zeigt mit den Händen, wie dick die Bücher sind.

„So . . . so?"

„Lauter Weltgeschüchte!"

„Ich bin nicht von hier", sagt der Herr und sieht jetzt mit sichtlichem Respekt auf den Professor.

„Ah so! Nacha is 's was anders, wenn Sie net von hier san", erwidert der Schaffner.

Er öffnet die Türe.

„Universität!"

Professor Spengler steigt ab. Der Schaffner ist ihm behilflich; er gibt acht, daß der alte Herr auf dem glatten Asphalt gut zu stehen kommt. Dann klopft er ihm wohlwollend auf die Schulter.

„Soo, Herr Professa! Nur net gar z' fleißig!"

Er pfeift, und es geht weiter.

Der Schaffner wendet sich nochmal an den Herrn:

„Alle Tag, Punkt acht Uhr, fährt dös alte Manderl auf d'Universität. Nix wia lauta Weltgeschüchte!"

Der Herr mit der Pelzmütze   LUDWIG THOMA

Ein kalter Wintertag.

Die Passagiere des Straßenbahnwagens hauchen große Nebelwolken vor sich hin. Die Fenster sind mit Eisblumen geziert, und wenn der Schaffner die Türe öffnet, zieht jeder die Füße an; am Boden macht sich der kalte Luftstrom zuerst bemerklich. Die Passagiere frieren, nur wenige sind durch warme Kleidung geschützt, denn der Wagen fährt durch eine ärmliche Vorstadt.

Da kommt ein Herr in den Wagen; er trägt einen pelzgefütterten Überrock, eine Pelzmütze, dicke Handschuhe.

Er setzt sich, ohne seiner Umgebung einen Blick zu schenken, zieht eine Zeitung aus der Tasche und liest.

Die anderen Passagiere mustern ihn; das heißt seine untere Partie. Die obere ist hinter der Zeitung versteckt.

Die größte Aufmerksamkeit schenkt ihm ein behäbiger Mann, der ihm gerade gegenübersitzt.

Er biegt sich nach links und rechts, um hinter die Zeitung zu schauen. Es geht nicht.

Er schiebt mit der Krücke seines Stockes das hemmende Papier weg und fragt in gemütlichem Tone:

„Sie, Herr Nachbar, wissen Sie, aus welchan Pelz Eahna Hauben is?"

Der Herr zieht die Zeitung unwillig an sich.

„Lassen Sie mich doch in Ruhe!"

„Nix für ungut!" sagt der Behäbige.

Nach einer Weile klopft er mit seinem Stocke an die Zeitung, die der Herr noch immer vor sich hinhält.

„Sie, Herr Nachbar!"

„Waßß denn?!"

„Sie, dös is fei a Biberpelz, Eahna Haub'n da."

„So lassen Sie mich doch endlich meine Zeitung lesen!"

„Nix für ungut!" sagt der Mann und wendet sich an die anderen Passagiere.

„Ja, dös is a Biberpelz, de Haub'n. Dös is a schön's Trag'n und kost' a schön's Geld, aba ma hat was, und es is an oanmalige Anschaffung. De Haub'n, sag' i Eahna, de trag'n no amal de Kinder von dem Herrn. De is net zum Umbringa. Freili, billig is er net, so a Biberpelz!"

Die Passagiere beugen sich vor. Sie wollen auch die Pelzmütze sehen.

Aber man sieht nichts von ihr; der Herr hat sich voll Unwillen in seine Zeitung eingewickelt.

Da wird sie ihm wieder weggezogen. Von dem behäbigen Manne, mit der Stockkrücke.

„Sie, Herr Nachbar . . ."

„Ja, was erlauben Sie sich denn . . .!"

„Herr Nachbar, was hat jetzt de Haub'n eigentlich gekostet?"

Der Herr gibt keine Antwort.

Wütend steht er auf, geht hinaus und schlägt die Türe mit Geräusch zu.

Der Behäbige deutet mit dem Stock auf den leeren Platz und sagt: „Der Biberpelz, den wo dieser Herr hat, der wo jetzt hinaus is, der hat ganz g'wiß seine zwanz'g Markln kost'; wenn er net teurer war!"

Die Faschingspostkutsche   SIEGFRIED VON VEGESACK

Noch vor dreißig Jahren konnte man hier im Bayrischen Wald in einer richtigen Postkutsche fahren: einem kanariengelben Kasten auf hohen gelben Rädern, die im Winter durch Schlittenkufen ersetzt wurden. Ich selbst bin in einer solchen Postkutsche von Regen nach Bodenmais gefahren — eine der seltsamsten und lustigsten Fahrten, die ich je erlebt habe!

Es war in der Faschingszeit, in Bodenmais sollte ein großes Faschingsfest stattfinden. Ich ahnte nichts davon und war deshalb nicht wenig erstaunt, als auf dem Marktplatz in Regen die sonderbarsten Fahrgäste zu mir in die Postkutsche einstiegen: ein indischer Maharadscha mit Turban, eine stolze Spanierin mit Tamburin und Kastagnetten, ein Pierrot mit weißer Halskrause, spitzem Hütchen und roter Nase und ein pechschwarzer, waschechter Kaminkehrer. Wir alle hatten auf den zwei Polstersitzen Platz, und da wir so eng beisammen saßen, hatten wir es in dem Kasten auch warm und gemütlich, wenngleich ein eisiger Böhmerwind die Schneeflocken um uns her wirbelte. Bei den letzten Häusern überholten wir eine Bauerndirn, die einen großen grauen Sack schleppte. „Grüß Gott, Zenzerl!" rief der Kaminkehrer und riß die Tür auf. Und selbst der Maharadscha hatte nichts dagegen, daß Zenzerl sich ihm auf den Schoß setzte. Den grauen Sack hielt sie fest auf ihren Knien. Und dieser Sack bewegte sich. Wir hatten also noch einen Unbekannten unter uns. Hühner? Gänse? Tauben? Aber Zenzerl lachte nur und verriet nicht ihr Geheimnis.

Und nun wurde es immer gemütlicher: der Kaminkehrer stimmte ein lustiges Lied an, der Pierrot begleitete ihn auf einer Ziehharmonika, während die stolze Spanierin gelegentlich mit dem Tamburin einfiel. Und der Maharadscha entkorkte eine dickbäuchige Flasche, die reihum ging: das Faschingsfest hatte bereits begonnen — hier, in der Postkutsche!

Und draußen schneite es noch immer in dicken Flocken. Wir fuhren schon im tiefverschneiten Hochwald.

Und der unheimliche graue Sack bewegte sich noch immer: wer mochte der Unbekannte sein, der verzweifelt in seinem Inneren hin und her hüpfte?

Als wir endlich gegen Abend in Bodenmais anlangten, stiegen alle Masken im Gasthof zur Post aus, wo das große Faschingsfest stattfand. Nur der Kaminkehrer und die Zenz mit dem Sack stampften mit mir noch ein Stück weiter durch den tiefen Schnee. Und erst jetzt erfuhr ich, daß er gar kein kostümierter, sondern ein echter Kaminkehrer war, und auch die Zenz verriet mir jetzt ihr Geheimnis: im grauen Sack befand sich ein Ferkel — auch ein echtes Ferkel —, das sie sich auf dem Ferkelmarkt in Deggendorf erstanden hatte und jetzt nach Hause trug!

Ein echter Kaminkehrer und ein echtes Schwein — so viel Glück ist mir seitdem nie auf einer Fahrt begegnet wie damals, in der bayrischen Faschingspostkutsche!

Gespenst und Auto SIGISMUND VON RADECKI

Ein Auto, das noch rechtzeitig die nächste Bahnstation erreichen wollte, jagte durch schweren Nachtnebel längs dem Ufer eines hochgeschwollenen Flüßchens. Plötzlich sahen die Insassen vor sich in der Luft eine schwebende Gestalt auftauchen, die ihnen fortwährend beschwörende Zeichen machte, als ob sie das Gefährt aufhalten wollte.

Die unheimliche Erscheinung schwebte, mit dem Rücken zur Fahrtrichtung, durch die Nebelluft über den Scheinwerfern.

Anfangs hofften die Insassen noch, daß es ein großer Vogel sei. Nach und nach aber lernten ihre aufgerissenen Augen, daß man es mit einer anderen

Erscheinung zu tun hatte, denn auch bei rasendster Steigerung der Geschwindigkeit flog „es" lautlos voran und bat mit beschwörenden Winken um Einhalt!

Schließlich gingen die Nerven des Chauffeurs durch, und er brachte den Wagen mitten aus tollster Fahrt plötzlich zum Stehen. Man stieg aus und lief ein paar Schritte vor: das Gespenst zerfloß winkend im Nachtnebel — zugleich aber machte man eine andere Entdeckung. Die Straße ging hier mit einer Brücke über den Fluß, und diese Brücke ... war nicht mehr vorhanden. Ob sie nun eingestürzt oder von der Überschwemmung fortgerissen war — genug, statt ihrer gab es bloß eine schaumwirbelnde Höllenschlucht. Ohne das Stoppen vor dem Gespenst wäre das Auto kopfüber in den Fluß geschossen! —

Nach dieser schauerlichen Entdeckung ging man zurück zum Auto, das mit seinen Scheinwerfern wartend dastand. Jetzt fiel allen ein großer Nachtschmetterling auf, der flügelschlagend auf einem Scheinwerferglas hin und her kroch. Man blickte sich um, und es wurde klar: das Gespenst war in Wirklichkeit die Schattenprojektion des flügelschlagenden Nachtschmetterlings, die in dem dichten Nebel erschreckend körperhaft gewirkt hatte.

Also war das Gespenst kein Gespenst. Aber das Auto hat es immerhin gerettet.

Der Optimist SIGISMUND VON RADECKI

Diese Geschichte ist ein Märchen und daher besonders zur Veröffentlichung geeignet.

Es waren einmal zwei Frösche, die besuchten einen Kuhstall. Der eine Frosch war seiner seelischen Einstellung nach Optimist. Der andere Frosch hatte Schopenhauer gelesen, das sagt genug.

Mit einem riesigen Hupfer sprangen beide in einen Metalleimer und plumpsten in die Milch.

Der Pessimist starrte entsetzt auf die spiegelglatten, unbekletterbaren Metallwände, schwamm ein paar Tempi, gab endlich den hoffnungslosen Kampf auf, ließ sich sinken und ertrank.

Der optimistische Frosch starrte ebenfalls auf die spiegelglatten Metallwände. Dann aber faßte er sich ein Herz und hat die ganze Nacht hindurch so unverdrossen geschwommen, rückgeschwommen, gekrault und gestrampelt — daß er beim Morgengrauen hoch oben auf einem Berg von Butter saß!

Der Hühnerhabicht   HERMANN LÖNS

Der letzte Hof im Dorfe, der hart an der Landstraße liegt, gehört dem Bauern Jürn Brinkmann. Es ist ein kleiner Hof, aber er nährt seinen Mann. Und er nährt auch die Frau, die zu einem richtigen Manne gehört.

Jürn Brinkmann steht bei seiner jungen Frau auf der Diele und sieht zu, wie sie Kartoffelpuffer bäckt. Er ist rechtschaffen hungrig, denn er hat schon drei Meilen hinter sich. Schmunzelnd steht er neben seiner Frau und sieht zu, wie sie die Puffer wendet. Die Herbstsonne fällt auf die Diele, und die Hühner gehen an den Wänden entlang und picken die letzten Fliegen fort. Da schreit eine alte Henne plötzlich schrill auf, alle andern Hühner tun das-selbe und rennen unter die alte Haferkiste, verstecken sich hinter Körben und Mollen, und mitten auf der Diele flattert schreiend der Hahn umher und schlägt mit vier Flügeln.

Ja, mit vier Flügeln. Frau Brinkmann ist so entsetzt, daß sie den Puffer aus der Pfanne in das Herdfeuer fallen läßt, und ihr Mann macht vor Ver-wunderung den Mund auf, daß die schöne neue Pfeife hinfällt und in Scherben geht. Und dann springt er zu und greift einen Besen und schlägt damit nach dem seltsamen, glühäugigen, bunten Vogel, der auf dem Hahne reitet, und er trifft nur zu gut, denn da liegt der Hahn und zuckt noch ein-mal mit den Beinen, und daneben liegt, mit der Pfanne in der Hand, die junge Frau, denn der Habicht, der dem Schlag auswich, flog ihr unter die Röcke und dann Brinkmann an der Nase vorbei zur Dielentür hinaus.

Am folgenden Tag ist Sonntag, und da geht Brinkmann nachmittags in den Krug und erzählt die Geschichte von den Kartoffelpuffern und dem Hahn und dem Habicht. Das gibt ein herzhaftes Gelächter in der Runde, und man beglückwünscht ihn zu dem Hahnenbraten.

WORTERKLÄRUNGEN: Diele = der vom Herd bis zu den Ställen durchgehende große Innenraum des niedersächsischen Bauernhauses. Molle = Trog. Krug = Wirtshaus.

Der Adler   JAMES AGGREY

Ein Mann ging in einen Wald, um nach einem Vogel zu suchen, den er mit nach Hause nehmen konnte. Er fing einen jungen Adler, brachte ihn heim und steckte ihn in den Hühnerhof zu den Hennen, Enten und Truthühnern. Und er gab ihm Hühnerfutter zu fressen, obwohl er ein Adler war, der König der Vögel.

Nach fünf Jahren erhielt der Mann den Besuch eines naturkundigen

Mannes. Und als sie miteinander durch den Garten gingen, sagte der: „Dieser Vogel dort ist kein Huhn, er ist ein Adler!"

„Ja", sagte der Mann, „das stimmt. Aber ich habe ihn zu einem Huhn erzogen. Er ist jetzt kein Adler mehr, sondern ein Huhn, auch wenn seine Flügel drei Meter breit sind."

„Nein", sagte der andere. „Es ist noch immer ein Adler, denn er hat das Herz eines Adlers. Und das wird ihn hoch hinaufliegen lassen in die Lüfte."

„Nein", sagte der Mann, „er ist jetzt ein richtiges Huhn und wird niemals fliegen."

Darauf beschlossen sie, eine Probe zu machen. Der naturkundige Mann nahm den Adler, hob ihn in die Höhe und sagte beschwörend: „Der du ein Adler bist, der du dem Himmel gehörst und nicht dieser Erde: breite deine Schwingen aus und fliege!"

Der Adler saß auf der hochgereckten Faust und blickte sich um. Hinter sich sah er die Hühner nach ihren Körnern picken, und er sprang zu ihnen hinunter.

Der Mann sagte: „Ich habe dir gesagt, er ist ein Huhn."

„Nein", sagte der andere, „er ist ein Adler. Ich versuche es morgen noch einmal."

Am anderen Tag stieg er mit dem Adler auf das Dach des Hauses, hob ihn empor und sagte: „Adler, der du ein Adler bist, breite deine Schwingen aus und fliege!"

Aber als der Adler wieder die scharrenden Hühner im Hofe erblickte, sprang er abermals zu ihnen hinunter und scharrte mit ihnen.

Da sagte der Mann wieder: „Ich habe dir gesagt, er ist ein Huhn."

„Nein", sagte der andere, „er ist ein Adler, und er hat noch immer das Herz eines Adlers. Laß es uns noch ein einziges Mal versuchen; morgen werde ich ihn fliegen lassen."

Am nächsten Morgen erhob er sich früh, nahm den Adler und brachte ihn hinaus aus der Stadt, weit weg von den Häusern an den Fuß eines hohen Berges. Die Sonne stieg gerade auf, sie vergoldete den Gipfel des Berges, jede Zinne erstrahlte an diesem wundervollen Morgen.

Er hob den Adler hoch und sagte zu ihm: „Adler, du bist ein Adler. Du gehörst dem Himmel und nicht dieser Erde. Breite deine Schwingen aus und fliege!"

Der Adler blickte umher, zitterte, als erfülle ihn neues Leben — aber er flog nicht. Da ließ ihn der naturkundige Mann direkt in die Sonne schauen. Und plötzlich breitete er seine gewaltigen Flügel aus, erhob sich mit dem Schrei eines Adlers, flog höher und höher und kehrte nie wieder zurück.

Völker Afrikas! Wir sind geschaffen nach dem Ebenbilde Gottes, aber Menschen haben uns gelehrt, wie Hühner zu denken, und noch denken wir, wir seien wirklich Hühner, obwohl wir Adler sind. Breitet eure Schwingen aus und fliegt! Und seid niemals zufrieden mit den hingeworfenen Körnern.

Mein Freund Bosco   CARL HAGENBECK

Der gelehrigste und liebenswürdigste Elefant, den ich je besaß, war ein schönes männliches Tier von sieben Fuß Höhe, das ich vor etwa zwanzig Jahren von einem Hamburger Kaufmann erhielt. Lange Stoßzähne, die zwei Fuß maßen, zierten dieses Tier. Als mir dieser Elefant zum Kauf angeboten wurde, schwamm er noch, war noch unterwegs. Nach Briefen, die mir gezeigt wurden, sollte es sich um ein außergewöhnlich zahmes Tier handeln. Grundsätzlich kaufte ich nicht gern männliche Elefanten, da diese Tiere, nachdem sie ein gewisses Alter erreicht haben, zeitweise bösartig werden können. Ein Besuch an Bord, nachdem das Schiff angekommen war, zeigte mir aber, daß es sich wirklich um ein zahmes Tier handelte.
Es war schon spät im Herbst. Der arme Reisende war auf Deck verladen, stand ganz in der freien Luft und zitterte vor Kälte am ganzen Körper. Zudem war es ein Hundewetter und das Tier in einem bedauernswerten Zustand. Es war leidend. Mit dem Einverständnis des Verkäufers überführte ich das Tier zunächst nach dem neuen Pferdemarkt, um abzuwarten, ob sich der Gesundheitszustand des Elefanten nach der günstigen Seite hin verändern ließe. Ein guter, warmer Stall, ein schönes Strohlager, sorgfältige, von mir persönlich überwachte Pflege wirkten Wunder. Zusehends erholte sich das Tier, und schon nach acht Tagen konnte ich es fest ankaufen. Auch die Gelehrigkeit und Gutmütigkeit des Tieres trat sofort in die Erscheinung. Nachdem ich ihn erst einige Tage gepflegt hatte, rief er mich schon durch trompetende Töne, sobald er meinen Schritt oder meine Stimme hörte, und bettelte dann um den Leckerbissen, den ich ihm zu reichen pflegte. In kurzer Zeit waren wir die besten Freunde. Der Elefant erhielt von mir den Namen „Bosco", und unter diesem Namen hat er später in der Zirkuswelt eine große Rolle gespielt.
Sehr bald, schon nach vier Wochen, fand sich in einem amerikanischen Tierparkbesitzer ein Liebhaber für Bosco, dem damit eine große Reise bevorstand; denn der Zirkus des Amerikaners befand sich in Buenos Aires. Der Käufer verlangte jedoch, daß Bosco zunächst zu verschiedenen Kunststücken abgerichtet würde. Hierfür verlangte ich eine Frist von sechs Wo-

chen und verkaufte dem Gast inzwischen als Schaustück für seinen Zirkus eine gerade vorrätige Gruppe schöner gezähmter Löwen, die in Begleitung ihres Bändigers mit einem der nächsten Dampfer nach Buenos Aires abgesandt wurden. Der Käufer Boscos blieb in Hamburg, um den Elefanten selbst mitzunehmen. Wir machten uns an die Schulung Boscos und erlebten Wunder. Alle Elefanten sind gelehrig, aber die Leichtigkeit, mit der dieser alles begriff, was man von ihm verlangte, war einfach fabelhaft. Das war nicht nur Verstand, sondern Talent. Die gewöhnlichen Fußarbeiten, wie man sie früher in den alten Tierparks zeigte, lernte er innerhalb weniger Tage. Hinsetzen und Hinlegen brachten wir ihm in einem Tag bei. Die geringsten Anregungen genügten; das Tier kam uns förmlich entgegen. Vier Wochen waren noch nicht vergangen, da marschierte Bosco auf Flaschen, konnte auf den Hinterbeinen und auf den Vorderbeinen stehen, setzte sich an einen gedeckten Tisch, zog die Glocke und ließ sich von einem Affen bedienen, trank aus der Flasche, nahm Speisen vom Teller, kurz, er war ein vollendeter Künstler geworden. Nach etwa sechs Wochen reiste mein Amerikaner hocherfreut mit Bosco ab und erzielte drüben mit diesem Tier einen so außergewöhnlichen Erfolg, daß er stets ausverkaufte Häuser hatte und viel Geld verdiente.

Meinen Freund Bosco habe ich wiedergesehen, und zwar auf die überraschendste Weise. Zwei Jahre waren ins Land gegangen, da kehrte ich eines Tages von der Reise zurück und erhielt sofort die Mitteilung, Bosco sei inzwischen aus Amerika zurückgekommen und stehe in unserem Stall. Es war schon ziemlich spät am Abend, mir war es aber, als sei ein alter Freund auf Besuch gekommen; ich konnte meine Ungeduld nicht zügeln und begab mich sofort in den Stall, in den Händen einige alte Rundstücke als Willkommengruß. In dem Raume war es fast dunkel. An der Tür schon rief ich ein lautes „Hallo, Bosco", und als Antwort ertönte aus der Ferne ein freudiges Geschrei. Als ich näher kam, gab der Elefant jene zufriedenen, gurgelnden Töne von sich, wie man sie von diesen Tieren hört, wenn sie freudig erregt sind, und als er mich erreichen konnte, packte er mich am Arm, zog mich ganz dicht zu sich heran und beleckte mir, fortwährend gurgelnd, das ganze Gesicht. Geradezu rührend war es, die Freude des Tieres zu beobachten, als er seinem alten Herrn nach zweijähriger Abwesenheit wieder gegenüberstand. Wenn man aber bedenkt, daß Bosco nur sechs Wochen in meinem Besitz war, allerdings bei dem engsten Verkehr mit mir, so bildet diese Wiedersehensszene ein glänzendes Zeugnis von dem erstaunlichen Gedächtnis des Elefanten.

Geheimnis des Erfolges SIGISMUND VON RADECKI

In einer kleinen französischen Provinzstadt schlug neulich ein Wander-
zirkus seine Zelte auf. Wie nicht anders zu erwarten, bestand das Pro-
gramm aus lauter Welt-Sensationen, deren größte ein Boxkampf war. Aber
es kam kein Mensch. Man setzte die Eintrittspreise heroisch herunter. Dennoch kam keiner ins Zirkuszelt. Schließlich hängte die Direktion ein Plakat
heraus: „Eintritt frei!"
Das zog. Jetzt kamen fast mehr Zuschauer, als der Zirkus fassen konnte.
Nach Schluß der Vorstellung drängten alle eiligst zum Ausgang. Dort, an
der Tür, standen schweigend die Boxer und ließen ihre Muskeln spielen.
Über ihnen hing ein riesengroßes Plakat: „Ausgang — ein Franc die
Person."
Alle zahlten. Alle...
Nachts brach der Zirkus schleunigst seine Zelte ab und fuhr ein Städtchen
weiter.

Tüchtig ist gar kein Wort... SIGISMUND VON RADECKI

Da oben in Minnesota, USA, hatte ein Eisenbahnzug die Kuh eines
schwedischen Farmers überfahren. Die Bahngesellschaft schickte zu dem
Mann einen Agenten, um die Frage der Entschädigung zu regeln.
„Mr. Swanson", sprach der Agent mit gewinnendem Lächeln, „— meine
Gesellschaft will sich mit Ihnen auf vollkommen fairer Basis einigen. Wir
bedauern tief, daß Ihre Kuh auf unseren Schienen den Tod gefunden hat.
Andrerseits werden Sie zugeben, daß auch wir einiges für uns anzuführen
haben: Erstens hatte die Kuh nichts auf den Schienen zu suchen, und Sie,
als ihr Eigentümer, hätten es ihr nicht erlauben dürfen. Zweitens hätte der
Unfall ein Entgleisen der Lokomotive herbeiführen und ein ernstes Bahn-
unglück, sogar mit Verlust von Menschenleben, nach sich ziehen können.
Drittens war die Kuh zweifellos im unbefugten Überschreiten unseres
Grund und Bodens begriffen.
Alles dies in Betracht gezogen — was meinen Sie, Mr. Swanson, wäre also
die gerechte Basis für eine Einigung zwischen Ihnen und der Bahngesell-
schaft?"
Mr. Swanson senkte den Blondkopf. Dann sagte er leise, jedes Wort sorg-
fältig abwägend:
„Ich bin arme schwedische Farmer... Ich geb Ihnen zwei Dollar."

Sitole hat seine eigene Währung

WERNER ACKERMANN

Der Bankangestellte Paul Plessis hatte in seinem Garten einen Baum, der zu dicht am Haus stand und viel Licht wegnahm, fällen und zersägen lassen. Das Holz konnte er für seinen Kamin gut gebrauchen, besonders da es ungewöhnlich kalt war und der elektrische Heizofen in der Halle nicht mehr ganz ausreichte. Unglücklicherweise war sein Gartenboy krank geworden, so daß er niemanden zum Holzhacken hatte. Er war daher sehr froh, als er einen alten Eingeborenen traf, der von Gelegenheitsarbeiten lebte. „Hallo, Sitole!" rief er den Schwarzen an. „Hast du nichts zu tun?"
Sitole zeigte sein weißes Gebiß und erklärte mit einer großartigen Handbewegung: „Nein, Master! Ich bin den ganzen Tag ein freier Mann."
„So, dann hast du es besser als ich", sagte der Bankangestellte lachend. „Willst du für mich Holz kleinmachen?"
Der Alte kicherte verschmitzt, „Das will ich, Master, aber dann bin ich kein freier Mann mehr!"
Sie gingen in den Garten, und der Schwarze betrachtete kritisch die Baumstücke.
„Viel Arbeit!" meinte er, indem er sich die kalten Finger rieb.
„Was willst du für die Stunde haben?"
Sitole wiegte den Kopf hin und her und sagte schließlich: „Zwei Schillinge ist nicht zuviel, Master."
„Was?" rief Paul Plessis entrüstet. „Niemand zahlt dir mehr als eins und sechs. Hast du nicht vor einem halben Jahr bei meinem Nachbarn den Garten umgegraben und nur einen Schilling für die Stunde bekommen?"
Sitole grinste schlau: „Ja, Master, das war im Sommer, wo es heiß war. Da habe ich geschwitzt und immer wieder eine Pause machen müssen. Aber jetzt ist Winter und — brrr — fürchterlich kalt. Da muß ich die ganze Zeit ohne Unterbrechung arbeiten, arbeiten, arbeiten, damit ich nicht friere. Dabei mache ich in kurzer Zeit sehr viel Holz klein, viel, viel mehr als an heißen Tagen!" Er blickte in das verdutzte Gesicht des weißen Herrn und lachte. „Kostet nicht mehr als früher, Master, bestimmt nicht! Für zwei Schillinge arbeite ich heute viermal so schnell wie sonst für einen Schilling — ich muß ja, weil es so bitterkalt ist."
Als Sitole mit seiner Arbeit fertig war, mußte Paul Plessis zugeben, daß der Alte mit seiner Währung, die sich nach der Temperatur richtete, völlig im Recht war.

Arbeit ist kein Vergnügen   WERNER ACKERMANN

Auf einer Autofahrt durch Nordtransvaal hielt ein Johannesburger Geschäftsmann am Rande eines Negerdorfes. Vor einer Lehmhütte saß ein älterer Eingeborener, der mit Korbflechten beschäftigt war und zufrieden vor sich hinsang. Er versah den großen, faßähnlichen Korb mit allerlei bunten Mustern, die durch Einflechten von gefärbten Schilfstreifen entstanden. Dem Geschäftsmann gefiel die Arbeit, und er erkundigte sich, wieviel der Korb koste.

„Zehn Schillinge, Master", sagte der Neger freundlich lächelnd. Das war billig, und der Geschäftsmann verzichtete darauf, zu handeln, obwohl es üblich war, den Eingeborenen die Hälfte von dem zu bieten, was sie forderten. „Einverstanden", sagte er, „ich hole ihn mir auf der Rückfahrt ab." Während er sich zum Gehen wandte, kam ihm der Gedanke, daß er mit solchen Körben in Johannesburg ein gutes Nebengeschäft machen könne. Es gab viele Leute, vor allem Fremde, die derartige Dinge gern kauften und manchmal sogar Liebhaberpreise zahlten. Er sagte daher: „Ich möchte fünfzig von diesen Körben bei dir bestellen. Was verlangst du dafür?"

Der Schwarze besann sich eine Weile und sagte schließlich: „Fünfzig Pfund."

Der Geschäftsmann lachte überlegen und meinte: „Du kannst aber nicht gut rechnen, mein Junge. Das ist ja pro Korb doppelt soviel wie dieser hier kostet!"

Der Eingeborene nickte. „Ich weiß es, Master."

„Aber wenn ich so viele Körbe abnehme, dann mußt du doch billiger sein!"

Der andere schüttelte den Kopf und erklärte ruhig: „Wenn ich einen Korb mache oder zwei Körbe, so habe ich Freude daran. Aber fünfzig Körbe machen, das ist eine schwere Arbeit."

9. NEUE TEXTE

Oma sorgt für Gerechtigkeit, und Kalle schämt sich für sie

PETER HÄRTLING

Kalle hatte Krach mit Ralph. Sie verprügelten sich. Ralph zog so lange an Kalles Hose, bis sie einen langen Riß hatte und dem Kalle auf die Knie rutschte. Oma hörte, daß es unten im Hof Krach gab. Sie war an diesem Tag schon zweimal die Treppen vom fünften Stock hinunter- und heraufgegangen – und das genügte ihr eigentlich. Aber der Streit im Hof machte sie unruhig. Sie kam runter. Sie sah den Riß, die kaputte Hose und fragte: Wer hat das getan? Wer hat dem Kalle seine beste Hose kaputt gemacht?

Zum Kalle sagte sie: Ich habe dir doch gesagt, wenn du spielst, sollst du die geflickte Hose anziehen.

Sie fragte noch einmal: Wer war das?

Ein paar Kinder waren schon weggerannt, und die, die übriggeblieben waren, auch der Ralph, sagten nichts. Kalle auch nicht.

Oma sagte: Soll ich euch einzeln an den Ohren nehmen?

Eines der Kinder sagte: Das dürfen Sie nicht. Da werden Sie bestraft.

Oma sagte: Früher durfte man das, und ich darf, was ich will.

Kalle sagte: Das ist nicht richtig, Oma. Du darfst gar nicht, was du willst. Du darfst auch keine fremden Kinder verhauen.

Die Oma wurde zornig und ging Schritt für Schritt auf die Kinder zu, die stehenblieben und sie ansahen.

Feige seid ihr, sagte sie.

Kalle verteidigte seine Freunde. Sie sind nicht feige, sagte er, die Hose ist einfach so zerrissen, beim Spielen.

Jetzt schwindelst du auch noch, sagte Oma. Erst feige sein und dann lügen. Pfui Deibel!

Kalle merkte, daß Oma jetzt erst richtig wütend wurde. Er versuchte, sie zu beruhigen. Das ist nicht so schlimm mit der Hose. Wenn du sie zusammennähst, ist sie wieder meine gute Hose, sagte er. Und ich ziehe zum Spielen immer die andere an, bestimmt.

Das ist doch alles Quatsch, schimpfte die Oma. Es geht mir doch um die Gerechtigkeit.

Kalle verstand nicht, was sie mit Gerechtigkeit meinte.

Auch die anderen Kinder verstanden es nicht.

Was willst du denn? fragte Kalle.

Ich will, daß ich weiß, wer das war.

Und dann? fragte Kalle.

Und dann will ich ihm sagen, daß es nicht richtig war. Und ich werde seiner Mutter sagen, sie soll dir die Hose ersetzen.

Das geht nicht, sagte Kalle.

Aber das ist Gerechtigkeit, sagte Oma.

Und wenn die Hose teuer ist? fragte Ralph.

Dann hast du also die Hose zerrissen? sagte Oma.

Kalle wurde es angst und bange, und er versicherte, Ralph sei es nicht gewesen. Wieder geriet Oma in große Wut. Sie nahm Ralph, der abhauen wollte, am Arm, schüttelte ihn, und Kalle rief: Tu ihm bloß nichts. Wegen deiner Gerechtigkeit.

Oma schrie: Ich könnte euch alle einzeln verdreschen.

Kalle war traurig und schämte sich. Am Abend sagte er zu Oma: Das war nicht richtig im Hof.

Dann näh du doch die Hose, sagte Oma.

Kalle wußte, daß es der Oma nicht nur um die Hose ging. Aber wie hätte er ihr helfen können?

Der Schüler Stefan   WILHELM DIESS

Das Schulzimmer der siebenten Klasse unseres Gymnasiums lag nach Süden und hatte Aussicht auf einen prächtig bewaldeten Hügel. Im Sommer bei scheinender Sonne war es sehr heiß. Vorhänge gab es nicht. Nachmittags zwischen zwei bis drei Uhr lasen wir zweimal in der Woche Homer bei einem Lehrer, der äußerst langweilig war. Die einzige Aufhellung der Eintönigkeit seines Unterrichts war es, wenn wir einen Witz, den er gemacht hatte, bestätigen konnten. Es war Aufmerksamkeit nötig, den Augenblick nicht zu verpassen. Den Witz selbst erkannten wir in den seltensten Fällen. Aber der Lehrer pflegte ihn mit einem kurzen trockenen Lachen zu begleiten, wobei er die Augen schloß und das Buch etwas von sich abhielt. Wenn es so weit war, lachten die Schüler, die es bemerkten, laut grölend – wie man halt lacht, wenn man nicht weiß, warum – in die Stille der Schulstube hinein, und donnernd folgte die ganze Klasse. Das freute den Lehrer. Uns freute das Lachen, das stürmische Brüllen, das wir sonst nie von uns geben durften, ohne getadelt, mit häßlichen Bezeichnungen belegt und eingesperrt zu werden.

Es war so schön, daß Schüler, die sommers in der Homer-Stunde eingeschlafen waren, von den anderen geweckt wurden, um sich am Lachen zu beteiligen. Man möchte meinen, der Lärm dieses Gelächters hätte schlummernde Schüler ohnehin geweckt. Aber Gymnasiasten im gottgesegneten Alter so um siebzehn herum haben in allen Dingen des Lebens ihre eigenen Gesetze. Ihr Schlaf in Schulstunden ist von Geheimnissen umwittert. Ich muß jedenfalls bestätigen, daß ich nie erwacht bin, wenn ich nicht geweckt wurde.

Da ist neben mir in der Bank der Schüler Stefan gesessen, ausgezeichnet durch steifen Haarwuchs und knappe, ruckweise Bewegungen, schweigsam, aber beredten Auges. Der hat einmal, tief über den Homer gebeugt, geschlafen, als er aufgerufen wird, um in der Übersetzung fortzufahren. Ich stoße ihn mit dem Ellenbogen an, er hebt ein wenig den Kopf in die Höhe, öffnet die Augen nicht, wohl aber den Mund weit, stößt ein kräftiges Ha-Ha aus und senkt mit sichtbarer Befriedigung, die Pflicht, zu lachen, nicht versäumt zu haben, den Kopf wieder auf den Arm, um weiterzuschlummern.

Der Lehrer hat nichts begriffen und hat überraschte runde Augen auf den Stefan gemacht. Die Klasse hat sich gleich ausgekannt und hat auf mich geschaut. Meine Aufgabe ist keine einfache gewesen, das haben meine Mitschüler gewußt. Ich habe den Stefan, so gut ich konnte, aufs neue gestoßen und, als er eine unwillige Abwehrbewegung gemacht hat, ein wenig getreten. Jetzt hat er gemeint, er hat zu wenig gelacht, hat sich halb aufgerichtet, bei geschlossenen Augen mit voller Kraft einige Male Ha-Ha gebrüllt – und den Kopf wieder hineingesteckt. Da ist eine Stille in der Klasse gewesen, wie sonst gar nie. Ich habe mich nicht mehr darum gekümmert, ob der Lehrer mich beobachtet, sondern bin dem Stefan nun mit dem Stiefelabsatz an das Schienbein gefahren, daß er als Toter hätte aufwachen müssen, und habe ihm gesagt, er ist aufgerufen und muß aufstehen und übersetzen.

Da hat er sich erhoben und hat mit blutrotem Kopf den Homer zur Hand genommen und seinen Blick darein versenkt. Unterdem hat sich der Lehrer, helles Entsetzen in seinen blauen Augen, beschwörend zur stillen Klasse gewandt und hat mit leiser Stimme gesagt: „Es ist ein Wahnsinniger unter uns." Zum Stefan aber hat er sich freundlich gewendet: „Setzen Sie sich, es ist gut." Das tosende Gelächter, das sich nun erhoben hat, hat er nicht verstanden. Es hat ihn aber angesteckt, und er hat, gutmütig wie er war, schließlich mitgelacht. Der Stefan und ich auch. Der Stefan ist im Kriege gefallen.

Max darf nicht zu spät kommen JOSEF QUADFLIEG

Max ist auf dem Weg zur Schule. Zehn vor acht, er hat noch etwas Zeit, er braucht sich nicht zu beeilen. Gemütlich schlendert er an einer Baustelle entlang. Er stellt sich auf die Zehen und schaut durch eine Ritze im Bauzaun, was die Männer dort machen.

Da ruft der Mann an der Mischmaschine „He, du da, wart mal", und er kommt und fragt: „Du, Moritz, oder wie heißt du?"

„Beinahe richtig", sagt Max. „Ich heiße Max."

„Also, Max, willst du mal für mich da vorn an die Ecke laufen und mir eine Packung Zigaretten ziehen?"

„Aber klar doch", sagt Max. Der Mann von der Mischmaschine gibt ihm 2 Mark, und Max saust gleich los. Er steckt das Geld ein, wählt die Marke und zieht das Schublädchen. Dann läuft er zurück und gibt dem Mann die Zigaretten.

„Danke", sagt der Mann. „Prima hast du das gemacht. Paß mal auf", sagt er, und er packt Max und hebt ihn hoch, auf den Bauzaun. „Na, kannst du alles sehen?" fragt er.

„Toll!" ruft Max. „Mensch, was habt ihr da für eine tiefe Grube gemacht! Und die Bagger! Und der hohe Kran!" Max freut sich, so gut hat das noch keiner seiner Mitschüler gesehen.

Plötzlich fällt ihm ein, daß er zur Schule muß. Er bedankt sich noch mal bei dem freundlichen Mann und läuft zur Schule, so schnell er kann. Außer Atem kommt er an, aber er kommt zu spät.

„Na, Max?" sagt der Lehrer.

Max antwortet: „Ich habe für einen Mann an der Baustelle Zigaretten gezogen. Und da hat mir der Mann noch die Baustelle gezeigt. Ich hatte ganz vergessen, daß ich zur Schule mußte."

„Daß mir das nicht noch mal vorkommt", sagt der Lehrer. „Wer zu spät kommt, stört die anderen beim Lernen."

„Nein, es wird nicht mehr vorkommen", sagt Max. Rasch setzt er sich auf seinen Platz.

Nach zwei, drei Monaten passiert Max folgendes. Er ist wieder auf dem Schulweg. Plötzlich, direkt neben ihm, stürzt eine Frau mit ihrem Fahrrad. „Hilfe!" schreit die Frau, „heda! Junge! Lauf doch mal rasch ins nächste Haus zum Telefonieren! Ich kann nicht mehr aufstehen! Ich glaube, ich habe ein Bein gebrochen!"

Max setzt schon an zum Spurt ins nächste Haus. Doch da fällt ihm plötzlich ein, daß er dem Lehrer versprochen hatte, nie mehr zu spät zu kommen.

„Tut mir leid!" ruft er, „es geht nicht. Ich muß zur Schule!" Und weg rennt er.

Clown, Maurer oder Dichter   REINER KUNZE

Ich gebe zu, gesagt zu haben: Kuchenteller. Ich gebe ebenfalls zu, auf die Frage des Sohnes, ob er allen Kuchen auf den Teller legen solle, geantwortet zu haben: allen. Und ich stelle nicht in Abrede, daß der Kuchen drei Viertel der Fläche des Küchentischs einnahm. Kann man denn aber von einem zehnjährigen Jungen nicht erwarten, daß er weiß, was gemeint ist, wenn man Kuchenteller sagt? Das Händewaschen hatte ich überwacht, und dann war ich hinausgegangen, um meine Freunde zu begrüßen, die ich zum Kartoffelkuchenessen eingeladen hatte. Frischer Kartoffelkuchen von unserem Bäcker ist eine Delikatesse.

Als ich in die Küche zurückkehrte, kniete der Sohn auf dem Tisch. Auf einem jener Kuchenteller, die nur wenig größer sind als eine Untertasse, hatte er einen Kartoffelkuchenturm errichtet, neben dem der schiefe Turm zu Pisa senkrecht gewirkt hätte. Ich sparte nicht mit Stimme.

Ob er denn nicht sähe, daß der Teller zu klein sei.

Er legte sich mit der Wange auf den Tisch, um den Teller unter diesem völlig neuen Gesichtspunkt zu betrachten.

Er müsse doch sehen, daß der Kuchen nicht auf diesen Teller passe.

Aber der Kuchen passe doch, entgegnete er. Das eine Blech lehnte am Tischbein, und auch das andere war fast leer.

Ich begann, mich laut zu fragen, was einmal aus einem Menschen werden solle, der einen Quadratmeter Kuchen auf eine Untertasse stapelt, ohne auch nur einen Augenblick daran zu zweifeln, daß sie groß genug sein könnte.

Da standen meine Freunde bereits in der Tür.

„Was aus dem Jungen werden soll?" fragte der erste, meine Worte aufnehmend. Er peilte den Turm an. „Der Junge offenbart ein erstaunliches Gefühl für Balance. Entweder er geht einmal zum Zirkus, oder er wird Maurer."

Der zweite ging kopfschüttelnd um den Turm herum. „Wo hast du nur deine Augen?" fragte er mich. Erst jetzt entdeckte ich, daß die von mir geschnittenen Kuchenstücke geviertelt waren, als wären wir zahnlose Greise. Mein Freund sah die größeren Zusammenhänge. „Siehst du denn nicht, daß in dem Jungen ein Künstler steckt?" sagte er. „Der Junge hat Mut zum Niegesehenen. Er verknüpft die Dinge so miteinander, daß wir staunen. Er hat schöpferische Ausdauer. Vielleicht wird aus ihm sogar ein Dichter, wer weiß."

„Eher ein richtiger oder ein genialer Soldat", sagte der dritte, den ich jedoch sogleich unterbrach. „Soldat? Wieso Soldat?" fragte ich auf die Gefahr hin, dem Sohn die Wörter wieder abgewöhnen zu müssen, die zu erwarten waren, sobald sich dieser Freund seiner Armeezeit erinnerte. Er antwortete: „Ein richtiger Soldat, weil er auch den idiotischsten Befehl ausführt. Und ein genialer Soldat, weil er ihn so ausführt, daß das Idiotische des Befehls augenfällig wird. Ein Mensch wie er kann zum Segen der Truppe werden."

Ich hoffte, der Sohn würde das meiste nicht verstanden haben. Am Abend hockte er sich jedoch zu Füßen seiner Schwester aufs Bett und fragte sie, was zu werden sie ihm rate: Clown, Maurer oder Dichter. Soldat zu werden, zog er nicht in Betracht, weil er es dann mit Vorgesetzten wie seinem Vater zu tun haben könnte.

Seitdem bedenke ich, wer bei uns zu Gast ist, bevor ich eines meiner Kinder kritisiere.

Fast durchs Schlüsselloch gekrochen JOSEF QUADFLIEG

Benedikt geht in die dritte Klasse des Gymnasiums. Seit drei Tagen ist mit Benedikt nichts Rechtes anzufangen: Sie haben in der Schule eine Lateinarbeit geschrieben, eine ganz schwere – behauptet wenigstens Benedikt. Gleich nach der Arbeit, in der Pause, haben sie schon gestöhnt, und der Kaspar sagte: „Ich habe nachträglich schon mindestens fünf Fehler entdeckt!" Und der Jochen: „Ich sicher schon acht oder noch mehr."

Tags darauf sagt der Lateinlehrer: „Die ersten zehn Arbeiten habe ich nachgeschaut: Keine fehlerfreie ist dabei, und viermal mußte ich mangelhaft schreiben." Am zweiten Tag war die Zahl der mangelhaften Arbeiten schon wieder angewachsen, und sogar eine Sechs wurde angekündigt. Die Gesichter der Kinder wurden immer länger.

Dann kommt endlich der Tag, an dem die Arbeiten zurückgegeben werden. Große Spannung, großes Seufzen, großes Stöhnen, einer weint sogar, hier und da atmet jemand tief auf – ja, und Benedikt?

Sonst ist Benedikt immer erst um 13.20 Uhr von der Schule zurück. Heute rasselt die Haustürklingel ganze fünf Minuten früher, und zwar rrrrrr an einem Stück! „Schnell, schnell!" hört man draußen rufen, als die Mutter zur Tür läuft, um zu öffnen. „Schnell, sonst komme ich durchs Schlüsselloch!" schreit Benedikt. Er fliegt der Mutter um den Hals: „Eine Drei in der Lateinarbeit! Als einziger!" – „Das gibt's doch nicht! Das kann doch nicht wahr sein! Laß sehen, laß sehen!" ruft die Mutter, und auch Benedikts Geschwister kommen herbei, von dem Lärm in der Diele angelockt. Feierlich zieht Benedikt sein Heft aus der Tasche und zeigt es allen schwarz auf weiß, nein: rot auf weiß: „Befriedigend!" Man schätzt in der Familie, daß Benedikt noch nie in seinem Leben so schnell gerannt ist, umgerechnet etwa 12,5 Sekunden auf 100 Meter.

Angst

HANS STEMPEL UND MARTIN RIPKENS

Es war einmal ein Kind, das hatte immer Angst. Es hatte Angst, wenn es zu Fuß über die Straße ging. Es hatte Angst, wenn es im Auto über eine Brücke fuhr. Es hatte Angst, wenn es auf einem Schiff einen See überquerte. Vor allem aber hatte es Angst, wenn es in ein Flugzeug steigen sollte.

Selbst bei blauem Himmel, wenn alle anderen Kinder längst in der Maschine umherliefen, blieb es angeschnallt auf seinem Platz sitzen, die feuchten Finger in die Armlehnen verkrallt, ängstlich auf jedes Wölkchen achtend, das am Fenster vorüberzog. Wie mächtig aber wurde seine Angst, als das Flugzeug einmal über dem offenen Meer in die Ausläufer eines leichten Sturms geriet.

Schon war das Kind einer Ohnmacht nahe, da fiel sein Blick auf die alte Frau neben ihm, die am ganzen Leibe zitterte. „Fliegen Sie zum erstenmal"? fragte das Kind die alte Frau. Die alte Frau nickte nur. „Wissen Sie", sagte das Kind zu der alten Frau und wunderte sich dabei selbst über seine ruhige, feste Stimme, – „wissen Sie, daß sich die Flügel des Flugzeugs um acht Meter heben oder senken können, ohne daß etwas passiert"?

Und dann erklärte das Kind der alten Frau noch alle die anderen Dinge, die ihm sein Vater schon vor dem ersten Flug erzählt hatte und die ihm trotzdem nie geholfen hatten, seine Angst zu überwinden. Jetzt aber, während es da saß und mit der alten Frau sprach und ihr Mut machte, jetzt war mit einemmal alle Angst vorbei.

Nach der Schule

RENATE FERBER

Peter und Christian gehen zusammen von der Schule nach Hause. Unterwegs treffen sie Monika und Inge. Monika fällt sofort Peters neuer Jeans-Anzug auf. „Du siehst ja heute toll aus", meint sie, „so einen Anzug wünsche ich mir schon lange."

Christian erkundigt sich, was die beiden Mädchen vorhaben. „Nichts Besonderes, unsere letzte Stunde ist ausgefallen, darum haben wir ein bißchen Zeit." „Ich habe eine Idee", sagt darauf Peter. „Wir gehen zum Supermarkt. Dort ist am Eingang ein Eisstand." Alle sind einverstanden, nur Christian nicht: „Ich komme nicht mit. Ich habe kein Geld." „Warum bekommst du eigentlich nie Geld von deinen Eltern?" will Monika wissen. Christian antwortet nicht. „Was soll's, ich zahl' dir eines", bietet Peter an. „Ich hab' nämlich Geld genug."

Sie gehen zum Supermarkt, und jeder kauft sich eine große Portion Eis. Klasse, wie das schmeckt! Da entdeckt Peter den Zeitungsstand im Supermarkt. „Wartet mal, ich schaue gerade noch, ob das neue Fix und Foxi-Heft schon da ist."

Monika und Inge folgen ihm. Peter hat sich schon das Heft herausgenommen, außerdem ein Micky-Maus-Heft, das gerade daneben lag. Nun kann Monika auch nicht mehr widerstehen, obwohl sie eigentlich gar nicht so gerne Comics liest.

Auf dem Weg zur Kasse nimmt Peter aus einem Korb noch eine Tafel Schokolade mit. „So ein Mist", sagt da Monika, „jetzt reicht mein Geld nicht mehr für eine Packung Kekse."

„Willst du dir nichts kaufen?" erkundigt sich Peter bei Inge. „Schon, aber ich spare für einen Hamsterkäfig." Plötzlich sagt Inge: „Wo ist denn eigentlich Christian geblieben?"

Die Neue

GISELA KLEIN-SCHÜTZ

Die Klassentür ging auf, und herein kam die Lehrerin, Fräulein Meier. „Ich habe eine Neue mitgebracht", sagte sie und zog ein schüchternes, schwarzgelocktes Mädchen hinter sich her. „Das ist Rosanna. Sie ist Italienerin und erst eine Woche in Deutschland. Sie kann noch kein Wort Deutsch. Ich hoffe, daß ihr Rosanna helft, sich schnell bei uns einzuleben."

Eine richtige Italienerin, toll! Alle waren begeistert, jeder wollte Rosanna neben sich haben. Fräulein Meier setzte sie auf den freien Platz neben Ulrike. Ulrike war ganz stolz. Immer wieder mußte sie die Neue angucken. Die saß still da, den Kopf gesenkt, und sagte kein Wort. In der Pause wurde Rosanna mit Fragen bestürmt. Aber Rosanna antwortete nicht, sondern blickte nur verwirrt von einem zum anderen. Schließlich sagte sie irgendetwas. Herrje! Das klang vielleicht komisch! Die Kinder schüttelten sich vor Lachen. „Sag das noch einmal, Rosanna!" riefen sie. Doch Rosanna guckte nur erschrocken in die lachenden Gesichter. Dann ließ sie den Kopf sinken, und eine Träne kullerte über ihr braunes Gesicht.

„Das ist ja eine Heulsuse", sagten die Kinder. „Kommt, laßt uns Fangen spielen." Sie ließen Rosanna stehen, liefen in eine andere Ecke des Schulhofes und spielten bis zum Ende der Pause Fangen. Als alle in die Klasse zurückkehrten, weinte Rosanna immer noch. „So ein Pech", dachte Ulrike, „jetzt muß ich neben so einer Heulsuse sitzen." Und sie rückte ihren Stuhl ein wenig zur Seite.

Als Ulrike abends im Bett lag, dachte sie noch einmal über Rosanna nach. Wie hatte sie sich darüber gefreut, daß diese Rosanna neben ihr saß! Aber nun? Ich werde mich morgen woanders hinsetzen, dachte sie. Wer weiß, von was für Leuten die stammt. Wie die schon aussieht mit ihren kohlschwarzen Zottelhaaren!

Plötzlich ist Ulrike von lauter schwarzhaarigen Kindern umgeben. Sie bilden einen Kreis um sie, zeigen mit Fingern und reden in einer völlig unverständlichen Sprache auf sie ein. Was wollen die von ihr? „Ich kann euch nicht verstehen!" ruft Ulrike hilflos. Die schwarzhaarigen Kinder biegen sich vor Lachen. „Warum lacht ihr denn so? Ist denn das so komisch, wenn ich Deutsch rede?" fragt Ulrike ängstlich.

Jetzt zupft ein Mädchen sie sogar am Ärmel und zeigt immer wieder auf irgendetwas. Was soll das nur? „Ich verstehe doch nichts! Kann denn keiner von euch Deutsch? Sprecht doch Deutsch mit mir!" fleht Ulrike. Aber die Kinder reden in ihrer merkwürdigen Sprache weiter und lachen nur noch mehr. Ulrike fühlt sich schrecklich einsam unter den vielen fremden Kindern. Sie fängt an zu weinen. „Ich möchte nach Hause! Bitte, laßt mich nach Hause!" schluchzt sie.

„Aber Ulrike, du bist doch zu Hause", sagte da eine ruhige Stimme. „Ach, endlich jemand, der Deutsch spricht!" rief Ulrike erleichtert. „Wie soll ich denn sonst sprechen? Ulrike, was träumst du denn da?" Es war die Mutter. Ulrike wachte auf. Ein böser Traum war das gewesen . . . Aber hatte die schwarzhaarige Rosanna, die noch kein Wort Deutsch verstand, diesen bösen Traum nicht wirklich erlebt?

Bammel lernt türkisch   HANS STEMPEL UND MARTIN RIPKENS

Bammel und Motz kommen auf den Hof. Sie beobachten einen fremden Jungen, der eine leere Flasche auf eine Mülltonne stellt und mit Steinen zu treffen versucht. „Das kann ich viel besser", ruft Motz herausfordernd laut. Doch der fremde Junge hört nicht hin. „Kannst du kein Deutsch?" ruft Bammel. Jetzt dreht der Junge sich um. „Wenig Deutsch", sagt er. „Wo kommst du denn her?" fragt Motz. „Türkei", sagt der Junge. „Türkei", wiederholt Motz. Bammel und Motz gehen auf den Jungen zu. Sie heben ein paar Steine auf und zielen auf die Flasche. Sie werfen daneben. „Jetzt wieder du", sagt Bammel zu dem Türkenjungen. Der trifft die Flasche, die splitternd zu Boden fällt. „Bist ja gut", ruft Bammel. Der Junge freut sich. Dann dreht er sich um und geht weg. „Wo gehst du hin?" ruft Motz. „Adjiktim"*, ruft der Junge zurück. „Was heißt das?" ruft Bammel. „Habe Hunger", sagt der Junge.

Als Bammel wenig später nach Hause kommt, ruft er laut: „Adjiktim!" „Was sagst du?" fragt die Mutter. „Adjiktim", wiederholt Bammel. „Das verstehe ich nicht", sagt die Mutter. „Es ist türkisch", sagt Bammel. „Es heißt: ich habe Hunger."

* Aussprache von türkisch: Açiktim = ich habe Hunger

145

Die Mutter lacht und reicht ihm einen Apfel aus der Schale auf dem Tisch. „Wo hast du denn das gelernt?" fragt sie. „Von einem Türkenjungen", sagt Bammel. „Und wie heißt er?" will die Mutter wissen. „Das lerne ich noch", sagt Bammel und beißt in den Apfel, daß es kracht.

Der Junge mit den Steinchen   JOCHEN MÖCKELMANN

Ein Junge saß auf der Treppe vor einem Haus und spielte mit Steinen. Mal türmte er sie zu einer Burg auf, mal baute er einen Bauernhof mit Tieren daraus. Dann waren sie Reiter, Ochsen und Planwagen im Wilden Westen, bevor sie als Rennwagen mit laut donnernden Motoren um Hindernisse kurvten.

Ein Mann in einem großen Wagen sah dem Jungen lange zu. Endlich stieg er aus. „Du könntest etwas Sinnvolleres tun, als hier mit Steinchen herumzuspielen."

„Warum?" fragte der Junge.

„Wenn du dir Geld verdienen würdest mit Zeitungsaustragen oder anderem, könntest du dir Spielzeugautos und Bauernhöfe mit Kühen, Pferden und Schweinen kaufen."

„Warum", fragte der Junge, „die habe ich doch schon?" Dabei deutete er auf seine Steine.

„Wenn du lernen würdest, statt zu spielen", fuhr der Mann unbeirrt fort.

„Warum?" fragte der Junge. „Meine Hausaufgaben habe ich doch schon gemacht."

„Wenn du noch mehr lernen würdest, mehr als deine Klassenkameraden . . ."

„Warum?" fragte der Junge.

„. . . dann könntest du später einen Beruf erlernen, in dem du viel Geld verdienen kannst. Mit dem Geld kannst du Leute bezahlen, die für dich arbeiten und hättest dann viel Zeit für dich und könntest tun, was du wolltest."

„Ich habe viel Zeit für mich und tu, was ich will", sagte der Junge und spielte wieder mit seinen Steinen.

Bammel im Glück   HANS STEMPEL UND MARTIN RIPKENS

Bammel läuft über den Hof. In der Hand balanciert er das Blechmodell eines Düsenriesen. Bammel zieht den Motor auf und setzt das Flugzeug auf den Boden. Stotternd dreht es kleine Kreise. Enttäuscht schaut Bammel zu. Mit dem Fuß versucht er, dem Flugzeug etwas mehr Schwung zu geben. Doch das Flugzeug hoppelt nur müde daher.

Am anderen Ende des Hofes spielt ein Mädchen mit einem Luftballon. Es ist ein Ballon mit einem Düsenmundstück. Der Ballon zischt in die Luft und wedelt pfeifend zu Boden. Neugierig schaut Bammel zu und nähert sich dem Mädchen. „Gibst du mir den Ballon?" fragt er. „Und was gibst du mir?" fragt das Mädchen. „Den Jumbo da", sagt Bammel, „das neueste Modell." „Okay", sagt das Mädchen und lacht.
Überglücklich bläst Bammel den Ballon auf und läßt ihn in die Luft zischen. Da kommt die Mutter. „Wo ist denn dein schönes Flugzeug?" fragt sie. „Hab' ich getauscht", sagt Bammel. „Und wofür?" fragt die Mutter. „Für den Ballon da", sagt Bammel und zeigt in die Luft. „Fliegt er nicht herrlich hoch?" Die Mutter ist entsetzt. „Aber Bammel", sagt sie. „Das teure Flugzeug. So ein Flugzeug kostet zehn Mark und so ein Ballon zehn Pfennige. So ein Flugzeug ist viel, viel wertvoller. Das verstehst du doch schon!"
„Ist nicht wahr", sagt Bammel beleidigt. „Der Ballon ist wertvoller. Der Ballon kann fliegen. Der Ballon macht Spaß!" –
Und der Ballon, von Bammel aufgeblasen, tanzt durch die Luft.

Der alte Mantel ANEKDOTE

In New York besuchte Einstein einmal einen Kollegen, der sehr auf sich hielt und dem Professor aus Europa beim Abschied zu bedenken gab, daß er sich doch hier in den Staaten einen neuen Regenmantel kaufen solle, in dem zerschlissenen alten Stück könne man in New York doch einfach nicht herumlaufen.
„Warum nicht?" protestierte Einstein. „Hier kennt mich doch niemand!"
Ein Jahr später stattete der amerikanische Gelehrte Einstein einen Gegenbesuch ab und suchte ihn in dem kleinen Universitätsstädtchen Princeton auf. Einstein wartete höflich bereits am Bahnhof – und trug noch immer den alten Regenmantel.
„Aber lieber Herr Kollege", sagte der Amerikaner indigniert*, „jetzt haben Sie dieses alte Stück noch immer am Leib! Was sollen denn die Leute von Ihnen denken?"
„Das spielt hier in Princeton doch keine Rolle", wehrte Einstein ab, „hier kennt mich längst jedes Kind!"

---

* peinlich berührt, entrüstet

Mann über Bord

GÜNTER KUNERT

Der Wind wehte nicht so stark. Bei einem Schlingern des Schiffes verlor der Matrose, angetrunken und leichtfertig tänzelnd, das Gleichgewicht und stürzte von Deck. Der Mann am Ruder sah den Sturz und gab sofort Alarm. Der Kapitän befahl, ein Boot auf das mäßig bewegte Wasser hinunterzulassen, den langsam forttreibenden Matrosen zu retten.

Die Mannschaft legte sich kräftig in die Riemen, und schon nach wenigen Schlägen erreichten sie den um Hilfe Rufenden. Sie warfen ihm einen Rettungsring zu, an den er sich klammerte. Im näherschaukelnden Boot richtete sich im Bug einer auf, um den im Wasser Treibenden herauszufischen, doch verlor der Retter selber den Halt und fiel in die Fluten, während eine ungeahnte, hohe Woge das Boot seitlich unterlief und umwarf. Der Kapitän gab Anweisung, auf die Schwimmenden und Schreienden mit dem Dampfer zuzufahren. Doch kaum hatte man damit begonnen, erschütterte ein Stoß das Schiff, das sich schon zur Seite legte, sterbensmüde, den stählernen Körper aufgerissen von einem zackigen Korallenriff, das sich knapp unter der Oberfläche verbarg. Der Kapitän versackte wie üblich zusammen mit dem tödlich verwundeten Schiff.

Er blieb nicht das einzige Opfer: Haie näherten sich und verschlangen, wen sie erwischten. Wenige der Seeleute gelangten in die Rettungsboote, um ein paar Tage später auf der unübersehbaren Menge salziger Flüssigkeit zu verdursten. Der Matrose aber, der vom Dampfer gestürzt war, geriet unversehrt in eine Drift, die ihn zu einer Insel trug, auf deren Strand sie den Erschöpften warf; dort wurde er gefunden, gepflegt, gefeiert als der einzige Überlebende der Katastrophe, die er selber als die Folge einer Kesselexplosion schilderte, welche ihn weit in die Lüfte geschleudert habe, so daß er aus der Höhe zusehen konnte, wie die Trümmer mit Mann und Maus versanken.

Von dieser Geschichte konnte der einzige Überlebende auf jener Insel trefflich leben; Mitleid und das Hochgefühl, einen seines Schicksals zu kennen, ernährten ihn. Nur schien den Leuten, daß sein Verstand gelitten haben mußte: Wenn ein Fremder auftauchte, verschwand der Schiffbrüchige, erblassend und zitternd und erfüllt von einer Furcht, die keiner deuten konnte: ein stetes Geheimnis und daher ein steter Gesprächsstoff für die langen Stunden der Siesta.

Erlebnis eines Schulrats

KARL RAUCH

Ein bayerischer Schulrat berichtet aus seiner Praxis diese rührende Geschichte: „An einem glühendheißen Sommertag hatte ich den Auftrag erhalten, in einem weltfernen Dörflein einen alten Lehrer zu visitieren, der kurz vor seiner Pensionierung stand. Als ich mich dem Schulhaus näherte, wunderte ich mich schon, daß alles wie ausgestorben schien. Kurz mich sammelnd, hielt ich vor dem Schulzimmer inne, aber auch hier vernahm ich keinen Laut. Leise drückte ich die Klinke nieder, und siehe da – der alte Herr saß schlafend an seinem Pult, und die gut sechzig Bürschlein zu seinen Füßen verhielten sich mucksmäuschenstill. Ich konnte den Kollegen gut verstehen, wenn ich sein Mittagsschläfchen auch nicht billigen durfte. Um die beginnende Unruhe der Kinder zu unterdrücken, legte ich den Finger auf den Mund und schlich mich auf leisen Sohlen hinter die Bänke. Da stand ein leerer Stuhl. Müde und erschöpft von dem langen Marsch streckte ich wohlig die Füße von mir. Ich wollte den Schlaf des alten Herrn nicht stören und warten, bis er aufwachte.

Sieh da! Plötzlich gab es mir einen Ruck – und ich sah mich allein in dem großen Schulraum. Auch ich war eingeschlafen, und unterdessen war der Kollege wach geworden, hatte mich voll Entsetzen erblickt und lautlos mit seiner Klasse den Raum verlassen, um mich nicht zu stören."

Barzahler   HELLMUT HOLTHAUS

Im Jahre 1966 machte ein Mann von sich reden, der einfach bar bezahlte. Um es genauer zu erklären: Konstantin Zwillich – so hieß der Mensch – trug ein ledernes Täschchen mit sich herum, das Geld enthielt. Wenn er etwas gekauft hatte, fragte er nach dem Preis und zählte die Summe auf den Tisch, alles auf einmal und auf der Stelle. Danach ging er, ohne sich um die Verwirrung zu kümmern, die er hinterließ.

Ein solches Treiben konnte er jedoch nicht lange fortsetzen. Ein Elektrokaufmann, bei dem er ein Fernsehgerät gekauft und wie gewöhnlich bar bezahlt hatte, zeigte ihn an.

Herr Zwillich! sprach der Kommissar in ernstem Ton, stimmt es, daß Sie über bares Geld verfügen?

Gewiß, antwortete Zwillich.

Wie kommt das?

Ich habe es verdient. Es ist mein letztes Monatsgehalt, und von den vorigen Monaten habe ich auch noch etwas.

Wie ist das möglich, Herr Zwillich? Es ist heute schon der Vierte des Monats. Warum zahlen Sie denn Ihre Raten nicht?

Ich habe keine Raten zu zahlen.

Aha! rief der Kommissar. Keine Raten. Das ist sehr verdächtig. Ein ehrlicher Mann hat kein Geld in der Tasche, höchstens ein bißchen zum Anzahlen. Ein

Bürger mit Zahlungsmoral hat keine Summen zur freien Verfügung, weil darüber längst verfügt ist. Und Sie?

Der Kommissar stand auf. Nun seien Sie nicht so verstockt, sagte er. Raus mit der Sprache, Zwillich! Mit welcher Absicht bringen Sie das Geschäftsleben durcheinander? Weshalb stiften Sie Verwirrung in der Volkswirtschaft? Haben Sie noch nie etwas gehört von dem aufrechten Grundsatz: Erst kaufen, dann verdienen? Lieber Mann: ich sehe, wir werden Sie hierbehalten müssen zur Prüfung Ihres Geisteszustandes! Es sei denn, daß Sie durch die Tat zu erkennen geben, daß Sie zurechnungsfähig sind.

Der Hase und der Affe AFRIKANISCHES MÄRCHEN

Ein Hase und ein Affe sind einmal miteinander spazierengegangen. Da sagte der Affe zum Hasen: „Warum siehst du dich denn immer um, als ob dich jemand verfolgt?" Der Hase antwortete: „Warum soll ich mich nicht umsehen? Ich finde es lange nicht so schlimm, als wenn du dich immerzu kratzt." Darüber war der Affe sehr zornig, und er wollte es nicht gelten lassen. Als sie eine Weile hin und her gestritten hatten, beschlossen sie – um des lieben Friedens willen –, sich am nächsten Tag von Sonnenaufgang bis zum Sonnenuntergang nebeneinander zu setzen und sich nicht zu kratzen und sich nicht umzuschauen.

So saßen sie sich denn am nächsten Morgen gegenüber: der Hase schaute brav zu Boden und rührte sich nicht, und der Affe legte seine Hände in den Schoß. Aber lange bevor es Mittag war, konnte es der Affe kaum mehr aushalten, sich nicht zu kratzen. Und als seine Qual zu schlimm wurde, fing er an, dem Hasen eine Geschichte zu erzählen: „Denk nur", sagte er, „einmal bin ich im Urwald von Jägern verfolgt worden, und ihre Kugeln haben mich hier getroffen – und hier – und hier – und dort – und dann wieder hier!" Und jedes Mal, wenn er mit seinem Finger auf die betreffende Stelle zeigte, kratzte er sich nach Herzenslust und so schnell wie möglich; denn der Hase sollte es ja nicht merken.

Der Hase aber konnte es auch schon kaum mehr aushalten, mit seinen Augen immer nur auf den Boden oder geradeaus zu schauen, und deshalb erzählte er auch eine Geschichte: „Als mich einmal die Hunde des Jägers verfolgt haben", sagte er, „da bin ich vor Angst bald nach rechts und bald nach links gesprungen – bald hierhin – bald dorthin!" und blitzschnell folgten seine Augen, die so lange auf den Boden geschaut hatten, den Bewegungen seiner Pfote.

Wer bekommt das Opossum? FREDERIK HETMANN

Vier Neger, Bill, John, Pete und Bob, gingen einmal auf die Opossumjagd, aber während des ganzen Tages schossen sie nur ein einziges Tier. Also konnten sie sich leicht ausrechnen, daß am Abend drei von ihnen wohl oder übel vor leeren Tellern sitzen würden. Die Frage war nur, wer das einzige erlegte Tier braten und mit süßen Kartoffeln aufessen durfte.

Bill meinte: „Ich mache euch einen Vorschlag. Wir legen uns alle hin und schlafen. Wer im Traum der reichste Mann ist, der soll das Opossum bekommen."

Die anderen waren einverstanden, und alle vier legten sich an einem schattigen Platz ins Moos und schliefen ein. Als sie aufwachten, hatte Bill geträumt, er sei der reichste Mann.

„Gut, er soll das Opossum haben!"

„Nein", sagte John, „ihr habt mich vergessen. Mir hat geträumt, ich sei ein Millionär."

„Na, dann gebt ihm das Opossum."

„Und mich fragt keiner!" rief Pete empört, „dabei habe ich wirklich und wahrhaftig geträumt, mir gehöre die ganze, runde Welt."

„Ja, dann muß man das Opossum wohl Pete geben!"

„Langsam", sagte Bob, „ihr habt immer noch mich vergessen."

„Ach ja . . . sag schnell, was hast du nun geträumt?"

Bob stand auf, lächelte, rieb sich den Bauch und sprach dann:

„Ich habe nichts geträumt. Ich habe auch nicht geschlafen. Ich bin wach geblieben und habe mir das Opossum gebraten. Ihr wißt doch: Es sind nicht die Träumer, die die fetten Bissen bekommen, es sind die Leute, die immer hellwach sind."

NACHWORT

Die vorliegende Sammlung stellt zunächst eine Anzahl von kurzen, in sich geschlossenen Texten bereit, die für Nacherzählungen geeignet sind. Darüber hinaus möchte sie einer Reihe von weiteren sprachlichen Übungen dienen.

Die Nacherzählung wurde in den zwanziger Jahren auf Grund einer überspitzten Vorstellung von der schöpferischen Eigentätigkeit des Kindes von manchen Reformern verpönt. Trotzdem hat sie sich als sprachbildende Darstellungsform bis heute nicht nur behauptet, sondern auch in einer neuen Aufgabe bewährt: Bei der Prüfung von Zehn- bis Zwölfjährigen hat sie sich als brauchbarer erwiesen als der Erlebnisaufsatz. Deshalb gehen die Länder immer mehr dazu über, bei Prüfungen für weiterführende Schulen auf den Erlebnisaufsatz zu verzichten, der Nacherzählung aber das entscheidende Gewicht beizumessen. Damit sind Übungen im Nacherzählen nicht nur gerechtfertigt, sondern zur pädagogischen Pflicht geworden.

Worin besteht das Wesen der Nacherzählung? In einem allgemeinen Sinne aufgefaßt, gehört sie zu den Urformen menschlicher Sprachäußerung. Denn der Mensch hat nicht nur das Bedürfnis, sich über die eigenen inneren und äußeren Erlebnisse mitzuteilen, sondern auch fremdes Erleben, sprachlich schon gestaltete Erfahrung, weiterzugeben. Das kann auf zweierlei Art geschehen: als Bericht oder als Nacherzählung. Der Bericht beschränkt sich knapp und sachlich auf das Wesentliche, die Erzählung beachtet in geruhsamem Fortschreiten auch die Form der Darstellung.

Über den Wert mündlichen Erzählens und Nacherzählens bestehen keine Zweifel. Die folgenden Hinweise gelten in erster Linie der schriftlichen Nacherzählung, die eigentlich nicht mehr ist als eine Sonderform der mündlichen. Wir unterscheiden die reine Nacherzählung, die Nacherzählung einer Episode, die Nacherzählung mit verändertem Standort und die Nacherzählung mit freier Fortsetzung.

1. Die reine Nacherzählung erzieht zur Zielstrebigkeit, zum Erkennen des Wesentlichen — die Pointe, die Wende, muß vom Aufbau der ganzen Geschichte her erkannt werden —, zur richtigen Reihenfolge, zu geistiger Zucht und Konzentration. Sie gibt eine gute Grundlage zur Prüfung von Gedächtnis, Sprachfähigkeit und Intelligenz. Wortwörtliche Wiedergabe ist

zwar eine innerhalb der Gesellschaft wichtige, aber keine eigentlich geistige Leistung und deshalb nicht ihr Ziel. Es kommt nicht auf den Wortlaut, wohl aber auf die Sprachschicht an, auf den angemessenen Stil. Die Nacherzählung muß deshalb sprachlich geformt sein und ein für den Schüler höheres, aber mit seinen eigenen Mitteln noch erreichbares Niveau haben. Der Schüler stellt sich ein auf die Stilebene und lebt sich ein in die dargestellte Situation. Neben dem spracherzieherischen Element enthält die Nacherzählung also auch ein sozialerzieherisches. Das „moralische Schwänzchen" darf allerdings nicht allzu deutlich werden, weil die Schüler sonst leicht bocken, auch wenn sie die in der Geschichte enthaltene Moral innerlich anerkennen. Die ideale Nacherzählung wurzelt im Vorstellungsbereich des Kindes, ist handlungsgeladen, erweckt innere Beteiligung; sie besitzt eine Wende und erfordert deshalb eine Umstrukturierung. Bei Prüfungsaufgaben liegt die Wende am besten ein Drittel vor dem Schluß; der Rest ist dann nur zu bewältigen, wenn die Pointe richtig erfaßt wurde. Geschichten, die alle diese Bedingungen erfüllen, sind im deutschen Sprachbereich selten anzutreffen. Die moderne Kurzgeschichte fällt wegen ihrer Thematik und Sprachform fast ganz aus. Was bleibt, sind vor allem unsere Sagen, Legenden, Märchen, Parabeln, Schwänke, Anekdoten und Erzählungen vom Typ der Kalendergeschichte. Der Umfang einer Nacherzählung für Zehn- bis Zwölfjährige sollte möglichst 200 bis 300 Wörter betragen. Dann erreichen die Schülerarbeiten meist zwei Drittel bis drei Viertel des Originals.

2. Die Nacherzählung einer Episode ist möglich bei längeren Geschichten. Ein Märchen wie Dornröschen ist für eine schriftliche Nacherzählung zu umfangreich. Nacherzählen ließe sich aber ein Teil, z. B.: Wie der Prinz die schlafende Prinzessin weckte.

3. Die Nacherzählung mit verändertem Standort verlangt eine sinnvolle Umformung der ganzen Geschichte, meist auch eine besondere Einleitung und einen anderen Schluß. Die unpersönliche Erzählung kann in die Ich-Form gebracht oder aus der Perspektive eines dritten Beobachters nacherzählt werden. Sie stellt höhere Anforderungen an die Vorstellungskraft der Kinder und berührt sich mit der Aufgabe, eine Erzählung zu dramatisieren.

4. Die Nacherzählung mit freier Fortsetzung ist eine Kombination zwischen Nacherzählung und Aufsatz: Eine unbekannte Geschichte wird bis zu einem bestimmten Punkt erzählt, soll bis dahin nacherzählt und dann zu einem sinnvollen Ende weitergeführt werden. Der erste Teil dient vor allem zur Prüfung der Merkfähigkeit, der zweite von Einbildungskraft und Verstand.

Zu Prüfungs-, auch zu diagnostischen Zwecken kann man zusätzlich zur Nacherzählung eine Stellungnahme oder das Finden einer treffenden Überschrift verlangen. Immer ist es notwendig, sich Klarheit darüber zu verschaffen, ob die Nacherzählung mündlich oder schriftlich, vorbereitet oder unvorbereitet, gleich nach dem Vorerzählen oder später, zur Übung oder als Prüfungsaufgabe gestellt werden soll. Die methodische Darbietung richtet sich je nach der Aufgabe. Für eine reine Nacherzählung als Prüfungsaufgabe geben die Mitteilungen der Schulpsychologischen Arbeitsstelle Frankfurt a. M., 2, 1961 folgende Anweisungen: „,Heute wollen wir einmal sehen, ob ihr aufmerksam zuhören könnt. Ich lese euch eine Geschichte vor, und ihr sollt sie euch gut merken, damit ihr sie aufschreiben könnt.' Durchführung: 1. Der Lehrer liest die Erzählung langsam vor. 2. Besinnungspause von 3 Minuten. (Kinder dürfen nicht sprechen oder schreiben!) 3. Nochmaliges Vorlesen. 4. Anweisung zum Schreiben: ,Schreibt die Geschichte so auf, wie ich sie vorgelesen habe. Ihr sollt möglichst alles in der richtigen Reihenfolge schreiben, nichts weglassen, aber auch nichts hinzufügen. Ihr habt 45 Minuten Zeit.' 5. Fragen nach dem Inhalt der Erzählung dürfen nicht beantwortet werden."

Die Bewertung von Nacherzählungen richtet sich ebenfalls nach der besonderen Aufgabe. Allgemeine Gesichtspunkte sind das Erfassen und die Wiedergabe des Inhalts, die Angemessenheit der sprachlichen Nachgestaltung, schließlich auch die Rechtschreibung, die allerdings — anders als beim Diktat — nur einen geringen Einfluß auf die Gesamtnote ausüben darf. Ein gutes Beispiel für die Bewertung einer genormten Nacherzählung bringen die oben zitierten Mitteilungen der Schulpsychologischen Arbeitsstelle Frankfurt a. M.; Beispiele für die Bewertung von Nacherzählungen mit freier Fortsetzung gibt F. Mißfeld in Heft 2 der Schriftenreihe „Der Gymnasialunterricht", S. 59 ff. Über den „Phantasieschluß als Aufsatzaufgabe der Sexta-Aufnahmeprüfung" berichtet Paul Diwo in der Schriftenreihe „Der Deutschunterricht" 1960, Heft 1.

Von der Nacherzählung sagt Ludwig Wagner („Der Deutschunterricht" 1952, 3, S. 8): „Die Nacherzählung, die so klar für sich spricht, daß sie keiner Erläuterung durch den Lehrer bedarf, erzieht das Kind zu gespannter Aufmerksamkeit, zu innerer Sammlung. Diese Stilform gewöhnt den Schüler ferner an richtige Ordnung der Gedanken. Er muß sofort beim Vorerzählen der Geschichte den Aufbau, die Steigerung, den Höhepunkt erkennen. Die gut ausgewählte Nacherzählung wirkt sprachbildend. Sie bereichert den Wortschatz und hebt das Gefühl für den treffenden Ausdruck ..."

Danach ist nicht einzusehen, warum die Nacherzählung mit dem 5. Schuljahr ihre Aufgabe erfüllt haben soll. Vielmehr sollte sie — neben dem Aufsatz – als objektivere Prüfungsaufgabe weiterhin gepflegt werden, auch als kritische Nacherzählung mit Stellungnahme, bis sie durch die „Nachschrift meisterlicher Prosa" abgelöst wird.

Damit ist die erste Art weiterer sprachlicher Übungen genannt, denen unsere Sammlung dienen möchte. Über „Nachschrift meisterlicher Prosa" handelt Fritz Tschirch in Jg. I, Heft 4 der Schriftenreihe „Der Deutschunterricht". Solcher Übungen willen, die am konkreten Beispiel erfahren lassen, was dichterische Prosa ist, sind Texte von Lessing, Hebel, Schiller, Kleist und anderen Meistern der Sprache mit aufgenommen worden.

Diese Sammlung, die sich von den üblichen Lesebüchern dadurch unterscheidet, daß sie nur geschlossene kurze Geschichten aufgenommen hat, kann den verschiedensten sprachbildenden und literarischen Übungen zugrunde gelegt werden von der Umgestaltung einer Erzählung in die Ich-Form bis zum darstellenden Spiel oder Hörspiel, von der Einzelinterpretation bis zum wertenden Vergleich (z. B. Der afrikanische Rechtsspruch – Das Land der redlichen Leute; Vergebliche Flucht – Das Stelldichein; Wer hängt der Katze die Schelle an? – Der Katze die Schelle anhängen; Der heilige Martin in Sibirien – St. Martinus, der fromme Reitersmann), vom Übertragen in die eigene Umwelt (z. B. Auf eigenen Füßen, Der Herr mit der Pelzmütze, Der alte Professor) bis zum Erfassen der verschiedenen Gattungen und ihrer Funktionen, vom Vorlesen bis zum Nacherzählen.

Zur 10. Auflage

Die „Kurzen Geschichten zum Nacherzählen und für andere sprachliche Übungen" haben sich offensichtlich in der Praxis bewährt. Die 10. Auflage erscheint deshalb auch in der bisherigen Auswahl, ergänzt um ein Kapitel mit 17 neuen Texten.

QUELLENNACHWEIS

ACKERMANN, WERNER: Überall dabei. Das große Jungenjahrbuch. Bertelsmann, Gütersloh, 3, 1957

Afrikanisches Märchen. Aus: Dähnhardt, Schwänke aus aller Welt. B. G. Teubner, Leipzig 4. Aufl. 1928

AGGREY, JAMES: Das Schlangenorakel. Erzählungen junger afrikanischer Autoren. Hg. Janheinz Jahn. Kurt Desch, München 1963

ALTENDORF, WOLFGANG: Junior Jahrbuch. Paul Pattloch, Aschaffenburg 1952

ALVERDES, PAUL: Deutsches Anekdotenbuch. Callwey, München

Anekdote. Aus: Die Welt in der Anekdote. Hg. Hermann Schreiber. Paul Neff, Berlin 1961

AUBERTIN, VICTOR: Einer bläst die Hirtenflöte. Albert Langen, München 1928

BANZHAF, JOHANNES: Lustiges Volk. Bertelsmann, Gütersloh

BAYERL, HANS: Aus: Lebensgut. Ausgabe für Bayern. Diesterweg, Frankfurt (Main)

BEBEL, AUGUST: Aus meinem Leben. Dietz, Stuttgart

BENJAMIN, WALTER: Schriften. Suhrkamp, Frankfurt (Main) 1955

BLANCK, KARL: Lumpengesindel. Franckh'sche Verlagshandlung, Stuttgart

BORGES, JORGE LUIS: Der schwarze Spiegel. Hanser, München 1961

BRECHT, BERTOLT: Kalendergeschichten. Rowohlt, Hamburg 1953

BÜRGER, GOTTFRIED AUGUST: Aus: Fröhliche Geschichten und Gedichte. Hannover o. J.

BUSCH, WILHELM: Sämtliche Werke. München 1943

Chinesisches Märchen. Aus: Chinesische Volksmärchen. Übersetzt und eingeleitet von Richard Wilhelm. Eugen Diederichs, Jena 1921

CHRISTIANSEN, BRODER: Das Lebensbuch. Langewiesche-Brandt, Ebenhausen

CLAUDIUS, MATTHIAS: Sämtliche Werke. Berlin 1941

CURTMANN, WILHELM: Fröhliche Geschichten und Gedichte. Hannover o. J. – Westermanns Kinderbuch. Westermann, Braunschweig

DIBELIUS, OTTO: Aus: Der Berliner Bär. Westermann, Braunschweig

DIESS, WILHELM: Stegreifgeschichten. Kösel, München 1976

EBERHARD, WILHELM: Aus: Otmar Bohusch, Kalender-Geschichten. Diesterweg, Frankfurt (Main)

EBNER-ESCHENBACH, MARIE VON: Sämtliche Werke. Berlin 1920

ERB, JÖRG: Tierlegenden. Johannes Stauda, Kassel 1949

FECHTER, PAUL: Aus: Lebensgut 4 M. Diesterweg, Frankfurt (Main)

FEHSE, WILLI: Lächelnde Justitia. Bechtle, Eßlingen (Neckar)

FERBER, RENATE: Aus: Texte und Fragen. Hg. Siegfried Buck und Wenzel Wolff. 4. Schuljahr. Diesterweg, Frankfurt (Main) 1974

FIEDLER, EVA: Aus: Die schönsten Gute-Nacht-Geschichten. Maier, Ravensburg

FINCKH, LUDWIG: Ausgewählte Werke. Silberburg, Stuttgart

FOERSTER, FRIEDRICH WILHELM: Jugendlehre. G. Reimer, Berlin

GOTTHELF, JEREMIAS: Die schönsten kleinen Erzählungen. Zürich 1927

GRIMM, ALBERT LUDWIG: Aus: Das Fabelbüchlein. Deutsche Jugendbücherei, Berlin

GRIMM, BRÜDER: Tierfabeln. Berlin 1855. – Kinder- und Hausmärchen. Vollständige Ausgabe. Reclam, Leipzig 1939

HAGENBECK, CARL: Aus: Lebensgut. Diesterweg, Frankfurt (Main)

HÄRTLING, PETER: Oma. Die Geschichte von Kalle, der seine Eltern verliert und von seiner Großmutter aufgenommen wird. Beltz u. Gelberg, Weinheim 1975

HAUSMANN, MANFRED: Lampion küßt Mädchen und kleine Birken. Bertelsmann, Gütersloh

HEBEL, JOHANN PETER: Werke. Birkhäuser, Basel

HELD, KURT: Aus: Die schönsten Gute-Nacht-Geschichten. Maier, Ravensburg

HELWIG, WERNER: . . . und Janni lacht. Signal, Baden-Baden 1961

HENSSEN, GOTTFRIED: Aus: Sang und Sage am Rhein. Grenzland, Düsseldorf o. J.

HERDER, JOHANN GOTTFRIED: Sämtliche Werke. Cotta, Stuttgart und Tübingen

HETMANN, FREDERIK: Wer bekommt das Opossum. Beltz u. Gelberg, Weinheim 1980

HOFMANNSTHAL, HUGO VON: Gesammelte Werke in Einzelausgaben. Prosa II. S. Fischer, Frankfurt (Main) 1951 (Ein Satz geändert, Titel nicht original)

HOFMILLER, JOSEF: Aus: Lebensgut. Ausgabe für Bayern. Diesterweg, Frankfurt (Main)

HOLTHAUS, HELLMUT: Lohnt es sich? Josef Knecht, Frankfurt (Main) o. J.

KIESGEN, LAURENZ: Der Märchenvogel. Herder, Freiburg i. Br.

KLEIN-SCHÜTZ, GISELA: Aus: Die Mücke 12, 1971. Universum-Verlagsanstalt, Wiesbaden

KLEIST, HEINRICH VON: Sämtliche Werke. Th. Knaur Nachf., München

KRANZ, HERBERT: Die Fundgrube. Josef Knecht, Frankfurt (Main) 1957

KUNERT, GÜNTER: Tagträume in Berlin und andernorts. Carl Hanser, München 1972

KUNZE, REINER: Die wunderbaren Jahre. S. Fischer, Frankfurt (Main) 1976

KURZ, ISOLDE: Aus meinem Jugendland. Deutsche Verlags-Anstalt, Stuttgart 1927

LANGBEIN, AUGUST: Aus: Fabeln. Ausgewählt von Hanna Forster. Stuttgart 1946

LESSING, GOTTHOLD EPHRAIM: Werke. Hrsg. Jul. Petersen und W. v. Olshausen. Berlin

LIEBESKIND, AUGUST JAKOB: Palmblätter. Akademische Buchhandlung, Jena 1786

LÖNS, HERMANN: Was ich unter Tieren erlauschte. Hesse und Becker, Leipzig

MAGER, ROBERT F.: Lernziele und Programmierter Unterricht. Julius Beltz, Weinheim 1969

MEISSNER, AUGUST GOTTLIEB: Aus: Fabeln. Ausgewählt von Hanna Forster. Stuttgart 1946

MÖCKELMANN, JOCHEN: Aus: Texte und Fragen. Hg. Siegfried Buck und Wenzel Wolff. Diesterweg, Frankfurt (Main) 1977

MÜLLENHOFF, KARL: Schleswig-holsteinische Sagen. Kiel 1845

MÜNCHGESANG, ROBERT: Till Eulenspiegel. Enßlin und Laiblin, Reutlingen

MOLO, WALTER VON: Im weiten Meer. Deutsche Dichter-Gedächtnisstiftung, Hamburg 1929

PENZOLDT, ERNST: Die Liebenden. Prosa aus dem Nachlaß. Suhrkamp, Frankfurt (Main)

PEUCKERT, WILL-ERICH: Ostdeutsches Märchenbüchlein. Holzner, Würzburg

POLEMANN, OTTO: Aus: Die schönsten Gute-Nacht-Geschichten. Maier, Ravensburg

PRESTEL, IRMGARD: Meersagen. Hilgers Deutsche Bücherei

QUADFLIEG, JOSEF: Fünfzig neue Vorlesegeschichten. Ludwig Auer, Donauwörth 1976

RAABE, WILHELM: Sämtliche Werke, Berlin 1935

RADECKI, SIGISMUND VON: Das ABC des Lachens. Rowohlt, Hamburg 1953

RAUCH, KARL: Die Palette. Bechtle, Eßlingen. – Anekdoten. Aus der Schule geplaudert. Die beste Arznei. Langen Müller, München 1976 (© Bechtle, München 1956/57)

ROSEGGER, PETER: Gesammelte Werke. Leipzig 1922

RUBBERT, HANS: Till Eulenspiegel. Franz Schneider, München

Russische Erzählung. Aus: So lacht Rußland. Fr. Bassermann, München 1960

RÜCKERT, FRIEDRICH: Aus: Fabeln. Ausgewählt von Hanna Forster. Stuttgart 1946

SCHÄFER, WILHELM: Rheinsagen. Georg Müller, München

SCHILLER, FRIEDRICH: Teutscher Merkur, 1789

SCHMID, CHRISTOPH VON: 50 schöne Geschichten. Mathias Grünewald, Mainz 1954

SCHOLZ, WILHELM VON: Aus: Hans Dittmer, Rast im Alltag. Vandenhoeck und Rupprecht, Göttingen

SCHWEITZER, ALBERT: Aus meiner Kindheit und Jugendzeit. C. H. Beck, München 1924

SCHWAB, GUSTAV: Die Schildbürger. Schaffstein, Köln

SIMROCK, KARL: Aus: Lebensgut. Diesterweg, Frankfurt (Main)

STEMPEL HANS und MARTIN RIPKENS: Bammel. Ellermann, München 1973

STENDEL, WOLFGANG: Erzähl noch was! Emil Rohmkopf, Leipzig

Tausendundeine Nacht. Die Erzählungen aus den Tausendundein Nächten. Insel, Wiesbaden 1953.

TECKLENBURG, AUGUST: Aus: Fröhliche Geschichten und Gedichte. Hannover o. J.

THOMA, LUDWIG: Der Jagerloisl und andere Geschichten. Piper, München 1947

TOLSTOJ, LEO: Alle sind Brüder. A. F. Velmede, Hamburg o. J.

VEGESACK, SIEGFRIED: Der gelbe Briefkasten. 1, 1956

WOLFF V. D. STEINEN, HERLINT: Aus: Die Katze mit der Brille. Ullstein, Berlin 1961

ZAUNERT, PAUL: Deutsche Natursagen. Eugen Diederichs, Jena 1921